Frauke Nicola Schulz

"Im Zweifel für die Freiheit"

Aufstieg und Fall des Seiteneinsteigers Werner Maihofer in der FDP

GÖTTINGER JUNGE FORSCHUNG

Schriftenreihe des Göttinger Instituts für Demokratieforschung

Herausgegeben von Dr. Matthias Micus

ISSN 2190-2305

2 *Benjamin Seifert*
Träume vom modernen Deutschland
Horst Ehmke, Reimut Jochimsen und die Planung des Politischen in der ersten Regierung Willy Brandts
ISBN 978-3-8382-0105-4

3 *Robert Lorenz*
Siegfried Balke
Grenzgänger zwischen Wirtschaft und Politik in der Ära Adenauer
ISBN 978-3-8382-0137-5

4 *Johanna Klatt*
Rita Süssmuth
Politische Karriere einer Seiteneinsteigerin in der Ära Kohl
ISBN 978-3-8382-0150-4

5 *Bettina Munimus*
Heide Simonis
Aufstieg und Fall der ersten Ministerpräsidentin Deutschlands
Mit einem Geleitwort von Heide Simonis
ISBN 978-3-8382-0170-2

6 *Michael Lühmann*
Der Osten im Westen – oder: Wie viel DDR steckt in Angela Merkel, Matthias Platzeck und Wolfgang Thierse?
Versuch einer Kollektivbiographie
ISBN 978-3-8382-0138-2

7 *Frauke Nicola Schulz*
„Im Zweifel für die Freiheit"
Aufstieg und Fall des Seiteneinsteigers Werner Maihofer in der FDP
ISBN 978-3-8382-0111-5

Frauke Nicola Schulz

"IM ZWEIFEL FÜR DIE FREIHEIT"

Aufstieg und Fall des Seiteneinsteigers Werner Maihofer in der FDP

ibidem-Verlag
Stuttgart

Bibliografische Information der Deutschen Nationalbibliothek
Die Deutsche Nationalbibliothek verzeichnet diese Publikation in der Deutschen Nationalbibliografie; detaillierte bibliografische Daten sind im Internet über http://dnb.d-nb.de abrufbar.

Bibliographic information published by the Deutsche Nationalbibliothek
Die Deutsche Nationalbibliothek lists this publication in the Deutsche Nationalbibliografie; detailed bibliographic data are available in the Internet at http://dnb.d-nb.de.

Umschlagsfoto: Prof. Dr. Werner Maihofer, 20. März 1974. Bundesarchiv, B 145 Bild-F042278-0004 / Reineke / CC-BY-SA. Quelle: Wikimedia Commons, Stand 14.01.2011. Lizenziert unter CC-BY-SA (s. http://creativecommons.org/licnses/by-sa/3.0/de/deed.de)

∞

Gedruckt auf alterungsbeständigem, säurefreien Papier
Printed on acid-free paper

ISSN: 2190-2305

ISBN-13: 978-3-8382-0111-5

Printed in Germany

Eine neue Kultur des Schreibens

Idee

„Göttinger Junge Forschung“, unter diesem Titel firmiert eine Publikationsreihe des „Instituts für Demokratieforschung“, das am 1. März 2010 an der Georg-August-Universität in Göttingen gegründet worden ist. Ein Ziel dieses Institutes ist die Synthese zwischen Universität *und* Gesellschaft, Politik *und* Wissenschaft, Forschung *und* Öffentlichkeit.

In einem solchen Sinne sind auch die Bände der „Göttinger Jungen Forschung“ als Scharnier gedacht. Junge Wissenschaftler können aus der universitären Eigenwelt heraustreten und einer breiteren Öffentlichkeit die Resultate ihrer Forschungen präsentieren. Sie können zeigen, dass sie die Techniken wissenschaftlichen Arbeitens beherrschen – und gleichzeitig zu farbigen und ausdrucksstarken Formulierungen fähig sind. Das mag feuilletonistisch klingen und manchem Kollegen unseriös anmuten. Doch meint die Synthese, wie sie uns vorschwebt und durch die Publikationsreihe promoviert werden soll, nicht zuletzt dies: auf eine manierierte Fachsprache weitestgehend zu verzichten, den exklusiven Sonderjargon zumindest dort zu unterlassen, wo er zur Präzisierung nicht erforderlich ist, und – jedenfalls wo das möglich ist, ohne die Interpretationen übermäßig zu verkürzen oder zu trivialisieren – stattdessen spannend und originell zu formulieren.

Inspiration

Am neu gegründeten „Institut für Demokratieforschung“ verankert, steht diese Buchreihe zugleich in der Tradition der „Göttinger Schule“ der Politikwissenschaft. Was ist damit gemeint, wodurch zeichnet sich der so titulierte politikwissenschaftliche Ansatz aus? Als in den 1990er Jahren in der Politikwissenschaft die Bezeichnung „Göttinger Schule“ aufkam, bezog sich das vor allem auf die Milieustudien der Göttinger Parteienforscher. Unter Rückgriff auf das Milieukonzept war es gelungen, die zeitgenössische Stabilität der bundesrepublikanischen Parlamentsparteien bei Wahlen, die starke Bindung ihrer Sympathisanten, ebenso parteipolitische Feindbilder und grundlegende Überzeugungen vor allem durch die eigenkulturelle Abschottung der Parteien und ihrer Anhänger in parallelgesellschaftlichen Organisationsnetzwerken zu erklären. Die Hochphasen der klar voneinander separierten Milieus mochten zum Zeitpunkt der Betrachtung weit zurückliegen, die Ideologien und Mythen längst verblasst sein, die alten Feste und Bräuche allenfalls noch erinnert, nicht aber mehr demonstrativ gepflegt werden – vielfach modifiziert, transformiert und dem Gesellschaftswandel angepasst, besaßen emotionale Milieuresiduen trotzdem immer noch Erklärungskraft für die Analyse regionaler Wählerhochburgen sowie zur Untersuchung beispielsweise der Besonderheiten des sozialstrukturellen Profils der Parteimitglieder wie auch des politischen Selbstverständnisses der Parteianhänger.

Die wegweisenden Analysen zu den Milieus korrespondierten mit bestimmten Forschungsschwerpunkten, die bis heute unverändert im Fokus der Göttinger Politikwissenschaft stehen. Milieus siedeln im Schnittfeld verschiedener Ursachen, Einflüsse und Wirkungen. Wer auf sie sein Augenmerk richtet, der kommt an Parteien nicht vorbei, den, nach der klassischen Formulierung von M. Rainer Lepsius, „politischen Aktionsausschüssen“[1] der Milieus. Auch Fragen der politischen Kultur sind schnell bei der Hand, wo erklärt werden muss, warum die eine Gesellschaft organisatorisch gestützte, sämtliche Lebensbereiche umfassende Vergemeinschaftungen hervorbringt, die andere dagegen nicht; oder weshalb manche Bevölkerungsgruppen eine Affinität zur Selbstausgrenzung in einer introvertierten Separatkultur zeigen, die anderen fremd ist.

Und insofern Milieus nicht von selbst, gleichsam voraussetzungslos und aus dem Nichts heraus, entstehen, sondern Ergebnisse bewussten Organisationshandelns sind, liegen auch Untersuchungen zu politischer Führung nahe, wenn von Milieus die Rede ist. Politische Anführer agieren nicht im luftleeren Raum, sie sind in institutionelle Strukturen und kulturelle Kontexte eingebun-

---

1 Lepsius, M. Rainer: Parteiensystem und Sozialstruktur. Zum Problem der Demokratisierung der deutschen Gesellschaft, in: ders.: Demokratie in Deutschland, Göttingen 1993, S.25-50, hier: S.37.

den und können – wie im 19. Jahrhundert bereits Otto von Bismarck wusste – den Strom der Zeit nicht schaffen, sondern allenfalls auf ihm steuern. Doch immer dann, wenn sich der gesellschaftliche Wandel beschleunigt, wenn lange Bewährtes überständig und vermeintliche Sicherheiten brüchig werden, dort also, wo sich die berühmten Gelegenheitsfenster öffnen – in diesen Momenten kommt es dann doch auf die individuellen Fähigkeiten der politischen Führungspersonen an, da vermögen der Instinkt und die Weitsicht, die Chuzpe, Entschlusskraft und das Verhandlungsgeschick, kurz: der Machtwille und die politische Tatkraft Einzelner den Geschichtsfluss umzuleiten und neue Realitäten zu schaffen.

Obwohl nun die Göttinger Politikwissenschaft in den vergangenen Jahren sukzessive ihr Blickfeld erweitert und immer weitere Dimensionen in ihre Analysen integriert hat, bilden die alten Kernbereiche unverändert das Zentrum der Göttinger Forschungen. Thematisch werden die in diese Reihe aufgenommenen Arbeiten daher um folgende Untersuchungsgebiete kreisen: An Fallbeispielen werden Möglichkeiten und Grenzen, biographische Hintergründe und Erfolgsindikatoren politischer Führung untersucht. Kulturelle Phänomene, beispielsweise die Gestalt und Wirkung gesellschaftlicher Generationen, werden ebenso Thema sein wie auch klassische Organisationsstudien aus dem Bereich der Parteien- und Verbändeforschung.

Sprache

Gleichwohl: Seit einiger Zeit wird die Bezeichnung „Göttinger Schule“ breiter verwendet, als ihr Kennzeichen gilt heute nicht mehr die Beschäftigung mit Milieus oder spezifischen, klar abgrenzbaren Inhalten an sich, sondern allgemeiner ein spezifischer Darstellungsstil, der Forschungsergebnisse für ein interessiertes, fachfremdes Publikum aufarbeitet und die Vermittlung der akademischen Erkenntnisse weit über die engen Grenzen der eigenen Disziplin in die Öffentlichkeit hinein anstrebt. Die „Göttinger Schule“ steht für die Lust an der öffentlichen Einmischung und den Verzicht auf akademische Wortungetüme. Dabei bedeutet der eher lockere, essayistische Stil nicht, dass die Texte rasch oder unbedacht heruntergeschrieben würden. Eher im Gegenteil: Sozialwissenschaftliche Phänomene spannend darzustellen ist harte Arbeit. Man muss sich hinsetzen, die Gedanken in fesselnde Sätze verwandeln, die Sinn ergeben, welche zudem der Komplexität des untersuchten Gegenstandes gerecht werden und den Leser dennoch zum Umblättern veranlassen. Um Barbara Tuchman zu zitieren: „Das ist mühselig, langsam, oft schmerzlich und manchmal eine Qual. Es bedeutet ändern, überarbeiten, erweitern, kürzen, umschreiben."[2]

Diese Ausdrucksweise zu fördern, und in Anbetracht des dominanten Präsentationsstiles der zeitgenössischen Sozialwissenschaften könnte man etwas hochtrabend auch von einer neuen „Kultur des Schreibens" sprechen, ist ein zentrales Anliegen der vorliegenden Buchreihe. Schreiben, davon sind wir überzeugt, lernt man nur durch die Praxis des Schreibens. Praxis des Schreibens heißt aber Veröffentlichung, und die Möglichkeit zu einer frühen Publikation und gleichzeitig zu einem frühzeitigen Training sowie Nachweis der eigenen Vermittlungskompetenz soll mit der Reihe „Göttinger Junge Forschung" geboten werden.

Es liegt nun nahe, dieses Ziel, eine neue Kultur des Schreibens herauszubilden, nicht kurzfristig anzustreben. Ebenso offensichtlich wird die bloße Absichtsbekundung, verständlichere und lesbarere Texte zu verfassen und sich verstärkt in die öffentlichen Diskurse einzumischen, zunächst einmal wenig bewirken. Perspektivisch wird es vielmehr darum gehen müssen, eine neue Generation von Politik- und Sozialwissenschaftlern zu begründen, deren Talente zu Vermittlung und Transfer ihrer Forschungsresultate, zum melodiösen Schreiben wie auch zu wirkungsvoller öffentlicher Intervention von Anfang an während des Studiums weiterzuentwickeln sind. In diesem Sinne hat die Buchreihe die Funktion, vorhandene Begabungen im Umfeld des Göttinger „Instituts für Demokratieforschung" durch die reizvolle Offerte einer frühzeitigen Publikation gezielt zu – horribile dictu – fördern und fordern.

2 Tuchman, Barbara: In Geschichte denken, Frankfurt a.M. 1984, S.27.

Offenheit

Kreativ schreiben aber kann nur, wer beizeiten seine Gedanken schweifen lässt. Die neue Kultur des Schreibens verträgt sich daher nicht mit der Neigung zu starrer Kategorienbildung, der Glättung realer Widersprüche in konstruierten Systemen und scheinexaktem Schubladendenken, wie sie in den Sozialwissenschaften verbreitet sind. Die Autoren dieser Reihe arbeiten daher mit methodisch sehr viel offeneren Verfahren, die als „dichte Beschreibung“ oder „aufmerksame Beobachtung“ apostrophiert werden können. Die aufmerksame Beobachtung gleicht einer Entdeckungsreise in unbekannte Erkenntnisfelder. Es wird aufzunehmen, festzuhalten und zu berücksichtigen versucht, was in einer konkreten Handlungssituation geschieht. Der Fluchtpunkt ist das Aufspüren und Sichtbarmachen von möglichen Zusammenhängen. Kann die aufmerksame Beobachtung insofern mit einem Weitwinkelobjektiv verglichen werden, so ist die dichte Beschreibung der Zoom. Alles das, was für die gewählte Fragestellung entbehrlich ist, wird herausgefiltert und der Rest zu einer fesselnden Erzählung komponiert. Mithilfe von Faktenkenntnis, Einfühlungsvermögen und Vorstellungskraft werden die Zusammenhänge und Bedeutungen hinter den Details sichtbar gemacht, durch die Konzentration auf das Wesentliche und die scharfe erzählerische Konturierung zunächst verschwimmender Linien die Leser in den Bann geschlagen.

In diesem Sinne setzen die Autoren der Reihe „Göttinger Junge Forschung“ auf die Integration ganz unterschiedlicher Aspekte, Sichtweisen und Methoden, um das für komplexe Probleme charakteristische Zusammenspiel multipler Faktoren analysieren und die internen Prozesse eines Systems – die sogenannte "black box" – verstehen zu können. Menschliches Handeln ist häufig unlogisch, politische Entscheidungen entspringen nicht selten Zufällen. Der Gefahr, Nuancen einzuebnen und Geradlinigkeit zu behaupten, wo tatsächlich Unebenheiten dominieren, kann man nur durch forschungspragmatische Offenheit entgehen. Einer interessanten, anregenden, inspirierenden Darstellung und also dem Genuss bei der Lektüre kommt das ohnehin zugute.

Matthias Micus

Göttingen, im April 2010

Für meine Eltern

Inhaltsverzeichnis

I Einleitung

„‚Maihofer war einer der Großen der FDP. Er hat politischen Liberalismus als aktive Haltung verkörpert.'"[1] „Der Name Werner Maihofer steht für den Wandel der FDP von einer deutsch-nationalen, konservativ ausgerichteten hin zu einer eher sozial-liberal orientierten Rechtsstaatpartei."[2] „‚Mit dem unerschütterlichen Bekenntnis zur Freiheit als zentralem Wert der Demokratie hat Werner Maihofer den organisierten Liberalismus wie kaum ein anderer Gelehrter geprägt'"[3]. Die Pressestimmen nach dem Tod des Innenministers a.D. im Oktober 2009 sind sich einig: Werner Maihofer ist einer der einflussreichsten Politiker in der Geschichte der FDP, der vor allem innerhalb seiner Partei viel bewegt hat. Vier Jahre bekleidet Maihofer das Amt des Innenministers unter Helmut Schmidt für die Liberalen, zuvor ist er zwei Jahre Minister ohne Portefeuille im Kabinett Brandt. Es bleiben jedoch sein Einfluss auf die interne Konstitution der FDP und insbesondere seine Anstöße für die Freiburger Thesen, die dauerhaft in Erinnerung bleiben. Maihofers ewiges Credo: Im Zweifel für die Freiheit!

Im Bundesinnenministerium wird Maihofer zur tragischen Figur: Der Verantwortliche im Kampf gegen den Terror der Rote Armee Fraktion stolpert er über Affären und Ermittlungsfehler. Als Polizeiminister verschrien muss er schlussendlich seinen Posten räumen.

Es sind seine Persönlichkeit und sein Lebensweg, die Werner Maihofer für diese Untersuchung so interessant und außergewöhnlich machen. Der

---

1 Wolfgang Gerhardt zitiert nach o.A.: FDP-Politiker Werner Maihofer gestorben, in: http://www.zeit.de/politik/deutschland/2009 10/werner-maihofer-gestorben [eingesehen am 17.05.2010].

2 o.A.: Werner Maihofer: Der Vater der Freiburger Thesen, in: http://www.tagesspiegel.de/politik/deutschland/werner-maihofer-der-vater-der-freiburger-thesen/1618538.html [eingesehen am 17.05.2010].

3 Sabine Leutheusser-Schnarrenberger zitiert nach o.A.: Werner Maihofer ist tot, in: http://www.spiegel.de/politik/deutschland/0,1518,656085,00.html [eingesehen am 17.05.2010].

Strafrechtsprofessor findet erst relativ spät in seiner Laufbahn zur FDP, schafft dort jedoch einen rasanten Aufstieg. Er wird unter Scheel zu einem der wichtigsten liberalen Protagonisten. Als Intellektueller und als politischer Seiteneinsteiger nimmt er in seiner Partei jedoch stets eine isolierte Position ein, ist in vielerlei Hinsicht ein Exot. Dabei hebt er sich von seinem Umfeld ab: „Maihofer ist unter allen Ministern der einzige, der ressortübergreifend, in historischen und gesellschaftlichen Zusammenhängen denken und sprechen kann."[4] Dies mag ein Grund dafür sein, dass Beobachter ihm eine viel versprechende und dauerhafte Karriere in der FDP voraussagen.[5] Doch es kommt anders: Maihofers liberaler Stern verglüht schnell am politischen Firmament.

Zahlreiche Beobachter führen sein Scheitern schlicht auf Pech und mangelnde politische Fortune zurück.[6] Ist Maihofer vielleicht lediglich „ein weiteres Beispiel dafür, daß sich Professoren nicht in die Politik verirren sollten"?[7] Die vorliegende Studie argumentiert differenzierter. Einige handfeste Gründe für den politischen Absturz Werner Maihofers sollen in der nachfolgenden Analyse erkennbar gemacht werden.

Ziel dieser qualitativen Untersuchung ist es, Faktoren zu identifizieren, die sich begünstigend oder erschwerend auf die Karriere Werner Maihofers auswirken. Zudem bieten sich hier Erklärungsansätze für eine exemplarische Blitzkarriere im bundesdeutschen Parteiensystem, deren Hintergründe bisher unerforscht sind. Anhand der auf Ressourcen und Restriktionen bezogenen Sektion dieser politischen Biografie erschließen sich zahlreiche Triebkräfte, die Politikerkarrieren zum Positiven oder zum Negativen wenden können.

Die **zentralen Fragestellungen** der Analyse sind demnach: Wieso gelingt Werner Maihofer der rasante Aufstieg innerhalb von Partei und Regierung? Und: Aus welchen Gründen schwindet der anfängliche Aufwind rasch und verkehrt sich in einen ebenso rasanten Fall?

---

4 Neumeier, Eduard: Ein Durchbruch für Minister Maihofer, in: Die Zeit, 28.02.1975.

5 Vgl. Melder, Heinz-Joachim: Minister Maihofer ersparte seinem Kanzler eine Blamage, in: Die Welt, 20.02.1975; Neumeier, Eduard: Ein Durchbruch für Minister Maihofer, in: Die Zeit, 28.02.1975.

6 Vgl Jäger, Wolfgang: Die Innenpolitik der sozial-liberalen Koalition 1974-1982, in: ders.; Link, Werner: Republik im Wandel – die Ära Schmidt, Stuttgart 1987, S. 9-272, hier S.115f.

7 Heye, Uwe-Karsten: Ein Professor lernt seine Lektion, in: Süddeutsche Zeitung, 31.08.1973.

Einschränkend ist zu bemerken, was diese Studie nicht leisten kann. Eine politische Karriere auf Bundesebene wird von diversen Faktoren beeinflusst, die nicht allumfassend in dieser Analyse Beachtung finden können. Schwerpunkt der Ausarbeitung liegt auf der Parteilaufbahn Maihofers sowie auf innerparteilichen Abläufen, die seine Karriere bedingen. Aus diesem Grund wird die Rolle der übrigen Parteien lediglich angerissen. Für die vorliegende Arbeit von geringem Belang sind zudem die tagespolitischen Errungenschaften Maihofers als Minister, die lediglich im biografischen Abschnitt teilweise Erwähnung finden. Inhaltliche Projekte der sozial-liberalen[8] Koalition, insbesondere deren außenpolitische Schwerpunkte, werden weitestgehend aus der Betrachtung ausgeschlossen.
Diese biografische Untersuchung folgt in Methode und Aufbau den Analysen der Göttinger Studien zur Parteienforschung des heutigen Instituts für Demokratieforschung. In ihren Bänden gelingt es den Göttinger Politikwissenschaftlern, Erklärungsmuster zur politischen Führung anhand von Einzelbiografien zu finden.

Bilden in der traditionellen Politologie zumeist Institutionen und Prozesse einen Untersuchungsschwerpunkt, leistet die vorliegende Studie einen Beitrag zur neuen politischen Biografieforschung.[9] Die Biografik ist für die politische Führungsforschung ebenso gewichtig wie die oben genannten: Die Persönlichkeit stellt einen relevanten Einflussfaktor auf politische Abläufe dar, wie sowohl Hans-Peter Schwarz als auch Elmar Wiesendahl herausstellen.[10] Dietrich Herzog hält diesen Blickwinkel ebenfalls für einen „wichtigen

---

8 Die Schreibweise sozial-liberal wird in der vorliegenden Arbeit im Bezug auf die Koalition aus SPD und FDP verwandt, um diese Bezeichnung sprachlich deutlicher von der soziallibe-ralen Strömung innerhalb der FDP abgrenzen zu können.

9 Vgl hierzu ausführlich beispielsweise Bödeker, Hans E.: Biographie schreiben, Göttingen, 2003.

10 Vgl. Schwarz, Hans-Peter: Die Bedeutung der Persönlichkeit in der Entwicklung der Bundesrepublik, in: Hrbek, Rudolf (Hrsg.): Personen und Institutionen in der Entwicklung der Bundesrepublik Deutschland, Symposium aus Anlass des 80. Geburtstags von Theodor Eschenberg, Straßburg, Arlington, 1985, S. 7-19; Wiesendahl, Elmar: Zum Tätigkeits- und Anforderungsprofil von Politikern, in: Brink, Stefan und Wolff, Heinrich (Hrsg.): Gemeinwohl und Verantwortung, Festschrift für Hans Herbert von Arnim, Berlin 2004, S. 167-188.

Forschungsansatz".[11] Schwarz spricht dem „Faktor Persönlichkeit"[12] sogar die maßgebliche Rolle für die Stabilität der Bundesrepublik zu. Zugleich weisen unterschiedliche Autoren auf weitgehende Forschungslücken auf diesem Gebiet hin.[13] Demnach gilt es, personenbezogene Analysen vor allem für solche zeithistorischen Abschnitte durchzuführen, in denen – wie 1969 – eine Situation des Umbruchs vorherrscht.[14]

Vor diesem Hintergrund erscheint die Untersuchung der politischen Vita von Werner Maihofer – als einem der Protagonisten dieses Wandels – besonders interessant. Zu beachten ist jedoch, dass nicht nur individuelle Aussagen getroffen werden, sondern aus der biografischen Untersuchung heraus allgemeine Erkenntnisse gezogen werden können: „Eine Würdigung von Persönlichkeiten wie Adenauer oder Schumacher, Heuss und Erhard, Brandt und Schmidt hat dann nicht den kritischen Einzelfall, sondern die im ganzen geglückte Gesamtentwicklung als Fragehorizont zu erfassen."[15] In dieser Studie wird dies durch ein Gerüst von analytischen Untersuchungskategorien – anstelle einer rein eklektischen, deskriptiven Darstellung der Lebensdaten – gewährleistet. Diese Kategorien (siehe Punkt II) zeigen stets den überindividuellen Aspekt der beobachteten Abläufe auf, verweisen auf den größeren Rahmen.

---

11 Herzog, Dietrich: Politische Karrieren. Selektion und Professionalisierung politischer Führungsgruppen, Opladen 1975, S. 18.

12 Schwarz, 1985, S. 8.

13 Vgl. ebd. S. 7; Wiesendahl, 2004, S. 169.

14 Vgl. Schwarz, 1985, S. 7f.

15 Ebd., S. 8.

I.1 Zum Phänomen des Seiteneinsteigers

Die Betrachtung der Karriere Werner Maihofers dient, wie erläutert, nicht nur dazu, eine individuelle Laufbahn zu betrachten. Vielmehr ist zudem daran gelegen, allgemeine Aufschlüsse über politische Karrieren zu erlangen. Besonderes Augenmerk liegt hierbei auf dem Phänomen des politischen Seiteneinsteigers. Dieser Teil der politischen Elite ist in der wissenschaftlichen Untersuchung bisher kaum systematisch erfasst. Dies mag auch daran liegen, dass die Quereinsteiger einen relativ geringen Satz der politischen Führungsschicht ausmachen: 1975 – also zur Wirkungszeit Werner Maihofers – liegt deren Anteil gerade einmal bei etwa neun Prozent.[16] Dennoch erscheint diese Subgruppe zur Analyse besonders interessant. Denn, so zitiert Herzog einen nicht namentlich benannten Partei-Generalsekretär: „Ich neige dazu zu sagen, daß die herausragenden Kräfte bei uns in der Regel nicht in der Politik zu finden sind, sondern in der Wirtschaft, in freien Berufen und an Universitäten."[17]

Pionierarbeit auf dem Gebiet leisten Robert Lorenz und Matthias Micus, die eine systematische Analyse von Seiteneinsteigerkarrieren in Deutschland herausgebracht haben.[18] Zur Definition: Als Seiteneinsteiger werden diejenigen politischen Akteure bezeichnet, die keine typische *Ochsentour* durchlaufen haben. Diese beginnt auf unterer Ebene der Partei, oft findet der erste Kontakt schon durch die jeweilige Jugendorganisation statt. Anschließend verläuft der Aufstieg stringent von Ebene zu Ebene. Diese Laufbahn ist es, die den typischen Berufspolitiker kennzeichnet. Eine so genannte *cross-over*-Karriere hingegen beginnt erst nach einer außerpolitischen beruflichen Erfahrung: „Dabei handelt es sich um einen Prozeß, bei dem Personen, die im privaten Beruf besonders herausragende, einflußreiche oder leitende Positionen innehaben, unmittelbar in die Politik überwechseln."[19] Unmittelbar bedeutet in diesem Zusammenhang, dass der Einstieg ohne eine Phase der kontinuierli

---

[16] Vgl. Herzog, 1975, S. 151.

[17] Ebd., S. 155.

[18] Lorenz, Robert und Micus, Matthias (Hrsg.): Seiteneinsteiger. Unkonventionelle Politiker-Karrieren in der Parteiendemokratie. Wiesbaden 2009.

[19] Herzog, 1975, S. 150.

chen politischen Eingewöhnung erfolgt, wie beispielsweise eine langjährige Parteilaufbahn oder die Ausübung öffentlicher Ehrenämter.

Die Besonderheiten der Karriere eines Seiteneinsteigers sollen in dieser Studie einen großen Stellenwert einnehmen und in allen Abschnitten Beachtung finden. Denn der Quereinsteiger-Status wirft einen speziellen Blickwinkel auf die zentralen Fragestellungen. Daraus resultierende Analyseschwerpunkte werden in Kapitel II herausgestellt.

I.2 Zur Quellenlage

Die Quellenarbeit zur Karriere Werner Maihofers gestaltet sich zunächst schwierig. Bisher sind zu seiner Person weder Monographien noch analytische Aufsätze erschienen. Ein erster Versuch, diese Forschungslücke zu schließen, stellt neben der vorliegenden Untersuchung die Abhandlung über Werner Maihofer im Band *Seiteneinsteiger. Unkonventionelle Politiker-Karrieren in der Parteiendemokratie* der Göttinger Studien zur Parteienforschung dar.[20] Das Essay basiert auf einem Extrakt der Forschungsergebnisse der vorliegenden Studie.

Die hier gewonnen Erkenntnisse stützen sich – neben der theoretischen Basisliteratur – zunächst auf Literatur zur Geschichte der FDP. Analysen von Entwicklung und Programmatik geben Aufschluss über die jeweilige Lage der Partei, ihrer taktischen und personellen Bedürfnisse. Hieraus lassen sich viel sagende Erkenntnisse über die Laufbahn von Werner Maihofer ableiten. Als weitere Basis dienen zeitgeschichtliche Abhandlungen über das Deutschland der 1960er und 1970er Jahre. Aus ihnen ergeben sich Aussagen über vorherrschende Trends in der Bevölkerung, also über das politische Klima. Dieses bedeutet, wie später dargelegt wird, einen mächtigen Einflussfaktor auf Aufstieg und Fall des Werner Maihofer.

Ein Großteil der Analyse basiert auf Dokumenten, die beim Besuch zweier Archive eingesehen wurden. Hierbei handelt es sich hauptsächlich um zeitgenössische Presseartikel, archiviert von der Friedrich-Ebert-Stiftung in Bonn. Sie dokumentieren eindrucksvoll und detailliert den Verlauf von

---

20 Vgl. Lorenz/Micus, 2009, S. 61-80.

Maihofers politischer Aktivität und liefern teilweise differenzierte und scharfsinnige Analysen. Einen kleineren Teil des verwendeten Archivmaterials bilden Akten des Archivs des Deutschen Liberalismus der Friedrich-Naumann-Stiftung in Gummersbach. Archivmaterial und Pressestimmen werden in dieser Studie zwar keiner systematischen Inhalts- oder Diskursanalyse unterzogen; sie dienen dennoch zur Verdeutlichung und zur Illustration der angeführten Argumentation.

Eine weitere erkenntnisleitende Grundlage dieser Studie ist ein persönliches Gespräch der Autorin mit Werner Maihofer vom 10. März 2008. Das Interview ermöglicht detaillierte Aussagen zu Biografie und Sozialisation Maihofers, die bisher in dieser Vollständigkeit noch nicht erfasst wurden.

Ein weiteres Interview fand mit dem emeritierten Professor für Strafrecht Hans-Ludwig Schreiber statt, der 1972 bis 1998 an der Universität Göttingen lehrte – von 1992 an als deren Präsident. Das Gespräch liefert aufschlussreiche Informationen über Werner Maihofers juristische Standpunkte und ermöglicht eine Einschätzung seines Tuns von strafrechtlicher und rechtsphilosophischer Seite. Schreiber arbeitete zudem in den 1960er Jahren gemeinsam mit Werner Maihofer am Alternativentwurf der Strafrechtsreform und spricht somit zugleich als dessen Wegbegleiter.

I.3 Zum Aufbau der Analyse

Bei der Betrachtung von Werner Maihofers Karriere ergibt sich schnell ein eindeutiges Bild von deren grobem Verlauf: Der schnelle Aufstieg mit dem Klimax des Innenministeriums. Anschließend der rasante Abstieg, der in mehreren Affären und schließlich dem Rücktritt endet. Bemerkenswert ist auf den zweiten Blick aber vor allem der Bruch in diesem stringenten Ablauf: Die Vorankündigungen des Falls schon während der Phase das Aufschwungs, die ambivalenten Implikationen der Ernennung zum Minister des Inneren. Auffällig auch die bewusste Verzögerung des freien Falls Maihofers nach der ersten Affäre. Der Reiz dieser Betrachtung liegt vor allem darin, zu verstehen, wie und warum es zu diesen Momenten kommt.

Rasch entsteht durch die Nachzeichnung von Maihofers Karriereweg die Parallele zu einer Textgattung, die der der wissenschaftlichen Ausarbeitung eher fern liegt: dem klassischen Drama. Diese Analogie erweist sich besonders deshalb als stimmig, da in der Laufbahn Maihofers auch im allgemeinsprachlichen Gebrauch eine gewisse Dramatik zu erkennen ist, sie besitzt durchaus tragische Elemente. So lässt sich die Definition des Dramentheoretikers Gustav Freytag anschaulich auf Maihofers Karriere übertragen:

> *Wenn an einem Punkt der Handlung plötzlich, unerwartet, im Gegensatz zu dem Vorhergehenden etwas Trauriges, Finsteres, Schreckliches eintritt, das wir doch sofort als aus der ursächlichen Verbindung der Ereignisse hervorgegangen und aus den Voraussetzungen des Stücks als vollständig begreiflich empfinden, so ist dieses Neue ein tragisches Element.*[21]

Die vorliegende Studie versucht, eben dies für Maihofers Karriere herauszuarbeiten: Der rasante Aufstieg wirkt makellos, scheint keine Zukunftsängste zu begründen. Dennoch lassen sich in der Analyse an vielen Punkten des Aufstiegs bereits erste Andeutungen des Umbruchs und des Falls erkennen. Das Tragische, das jähe Ende des Erfolges kommt also wie im klassischen Drama keineswegs unerwartet. Der Verlauf der Ereignisse lässt sich aus dem Vorangegangenen vielmehr plausibel erklären. Aus diesen Gründen entstand das Konzept, diese Studie in ihrem Aufbau dem des klassischen Dramas nach Gustav Freytag anzupassen.[22]

---

[21] Freytag, Gustav: Die Technik des Dramas, bearbeitete Neuauflage, Berlin 2003, S. 78.

[22] Vgl. ebd., S 96ff.

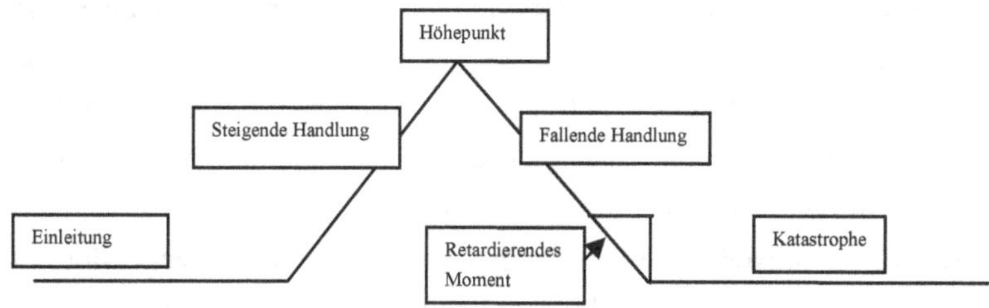

Abb.1: Dramenaufbau nach G. Freytag
(Quelle: eigene Grafik)

Der Verlauf der Karriere Maihofers gibt diesen Aufbau auf fast natürliche Weise vor: Zieht man Prallelen zur Dramenstruktur, so ist es verblüffend, wie exakt sich sein Werdegang in die vorgegebene Struktur einfügt. Zunächst die steigende Handlung, im Höhepunkt kulminierend, der jedoch untrennbar mit einem tief greifenden Umbruch verbunden ist. Anschließend die steil abfallende Handlung, aufgehalten vom retardierenden Moment. Letztlich muss dennoch die unvermeidliche Katastrophe folgen.

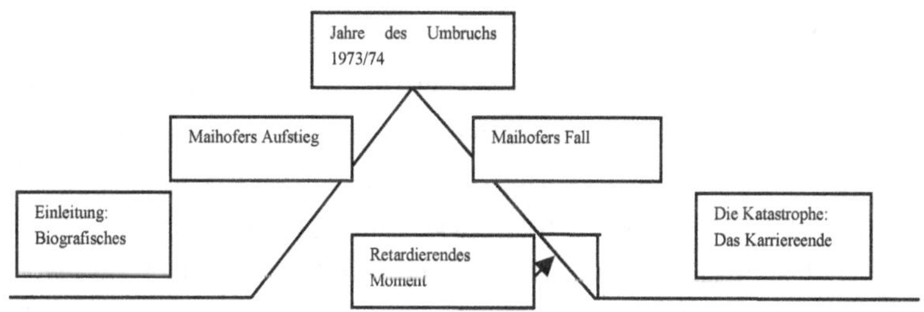

Abb.2: Aufbau der vorliegenden Arbeit
(Quelle: eigene Grafik)

In der **Einleitung** finden sich demnach die „Vorbedingungen der Handlung in einem Prolog“, genauer: „die Darstellung von Ort, Zeit, Volkstum und Lebensverhältnissen des Helden“.[23] Für diese Studie bedeutet das: die biografi-

[23] Ebd., S. 96f.

sche Vorgeschichte Werner Maihofers. In einem detaillierten Überblick wird sein Lebensweg nachgezeichnet. Dabei werden die Fundamente seiner politischen Laufbahn herausgestellt. Gleichzeitig dient die Abhandlung dazu, die Wegmarken seiner politischen Karriere festzuhalten, auf die sich in der späteren Analyse immer wieder bezogen wird.

Es folgt die **ansteigende Handlung**, das so genannte erregende Moment: „Der Eintritt der bewegten Handlung findet an der Stelle des Dramas statt, wo in der Seele des Helden ein Gefühl von Wollen aufsteigt, das die Veranlassung zu der folgenden Handlung wird".[24] Hier versteht sich darunter der Schritt Maihofers in die Berufspolitik, also der Seiteneinstieg. Untersucht wird das Jahr des Parteieintritts 1969 in seiner zeithistorischen, parteispezifischen und persönlichen Dimension. Auf das erste Moment des Anstoßes folgt die kontinuierliche Steigerung von „Stimmung, Leidenschaft und Verwicklung"[25] – der stringente Aufstieg Maihofers in Partei und Regierung.

Der **Höhepunkt** des Dramas beschreibt die Wendung, an der für den Helden „das Ergebnis des aufsteigenden Kampfes stark und entschieden heraustritt".[26] Formale Klimax in Werner Maihofers Laufbahn ist ohne Zweifel seine Ernennung zum Innenminister im Jahr 1974. An dieser Stelle zeigt sich jedoch auch deutlich der Umbruch in seiner Karriere, so ist „der Höhepunkt durch ein tragisches Moment mit der sinkenden Handlung verbunden."[27] Das Jahr 1974 erhält durch die Überschneidung von größter Machtfülle einerseits und beginnendem politischen Absturz andererseits einen ambivalenten Charakter. Es kommt also wie im Drama zum „Zusammentreten zweier wichtiger Stellen, die sich in scharfem Gegensatz gegeneinander abheben".[28]

Hierauf folgt zwangsläufig die **fallende Handlung**, die Umkehr der Ereignisse. Freytag beschreibt diese mit einem der Politik entlehnten Vokabular, das für den Bezug auf Maihofers Karriere kaum passender gewählt sein könnte: Bei der Beschreibung der „Angriffe der Gegenpartei auf den Helden" sei es „nötig zu zeigen, wie nach und nach, von verschiedenen Seiten an die

---

24 Ebd., S. 100.

25 Ebd., S. 103.

26 Ebd., S. 105.

27 Ebd., S. 107.

28 Ebd., S. 107.

Seele des Helden geschlagen wird".[29] Dementsprechend folgt in dieser Studie die Analyse des Abstiegs Werner Maihofers mit Blick auf die Strategien und Beweggründe seiner unterschiedlichen Gegenspieler.

Das **Retardierende Moment** suggeriert die letzte Aussicht auf eine Wendung der Ereignisse. „Dies geschieht durch eine neue kleine Spannung, dadurch, dass ein leichtes Hindernis, eine entfernte Möglichkeit glücklicher Lösung, der bereits angedeuteten Richtung auf das Ende noch in den Weg geworfen wird."[30] In Maihofers Karriere äußert es sich dadurch, dass der Abstieg langsamer verläuft, als es sich zunächst andeutet. Dieser Aspekt erscheint in der Analyse besonders interessant, da er einen Einblick in die taktischen Schachzüge der Politik erlaubt.

Die Untersuchung endet mit der abschließenden Analyse der **Katastrophe**, also dem Rücktritt und damit dem Karriere-Aus für Werner Maihofer. Auch hier lässt sich eine Anmerkung aus der Dramentheorie übertragen: „Je tiefer der Kampf aus ihrem innersten Leben hervorgegangen und je größer das Ziel desselben war, desto folgerichtiger wird die Vernichtung des unterliegenden Helden sein."[31] So folgt auch auf Maihofers große Ambitionen zwangsläufig das totale politische Scheitern.

---

[29] Ebd., S. 109.

[30] Ebd., S. 111.

[31] Ebd., S. 115.

II Die Untersuchungsebenen

Die Untersuchung der Karriere Werner Maihofers soll zielgerichtet anhand verschiedener Kategorien erfolgen. Einbezogen werden diejenigen Faktoren, die in der bestehenden Forschung als positive oder negative Einflüsse auf eine politische Karriere identifiziert wurden. Somit wird für diese Untersuchung ein sozio-politischer Analyserahmen gewählt, der die systematische Betrachtung des Faktors Persönlichkeit ermöglicht.[32] Dabei ist unvermeidlich, dass die gewählten Untersuchungskategorien auf Grund von Überschneidungen teilweise fehlende Trennschärfe aufweisen. Bei Unklarheit der geeigneten Analyseebene eines einzelnen Faktors wird daher explizit auf dessen Verortung im Betrachtungsrahmen hingewiesen.

Zum einen fällt der größere Rahmen der Ereignisse ins Gewicht, die **kontextuelle Umwelt**: In welcher Zeitphase erlebt Werner Maihofer den Auf- und in welcher Phase den Abstieg? Welche zeithistorischen Abläufe prägen den Esprit von Gesellschaft und Politik? In welcher Gemütslage befinden sich die Deutschen?

Zum anderen wird die **institutionelle Umgebung** des Politikers untersucht: Die eigene sowie die übrigen Parteien, die beteiligten Akteure sowie der Regierungspartner. In welcher Lage befindet sich die FDP? Welche Rolle spielt Werner Maihofer für sie? Wie stehen die Koalitionspartner zueinander? Wie arrangiert er sich mit den anderen Partei- und Regierungsfunktionären?

Als dritte Kategorie der Betrachtung liegt die **Persönlichkeit** Werner Maihofers auf der Hand. Was zeichnet ihn als Menschen und als Politiker aus? Welche Charaktereigenschaften wirken sich auf sein Tun aus und in welcher Weise? Welche fachlichen Qualitäten besitzt er? Wie ist sein Bild in der Öffentlichkeit; was verkörpert er? Und: Was motiviert den Seiteneinsteiger zum Schritt in die FDP?

---

32 Vgl. Schwarz, 1985, S. 10.

Die Einteilung der Untersuchungsebenen erscheint nicht nur auf den ersten Blick besonders ertragreich, sondern ist auch theoretisch verwurzelt. Schon 1975 weist Herzog auf die herausgestellte Relevanz der Faktoren „gesellschaftliche Situation“ und „individuell[e] Fähigkeiten“[33] hin. Die hier getroffene Auswahl lehnt sich zudem an das von Forkmann und Schlieben dargestellte Triangel der abhängigen Variablen Institution-Umwelt-Person an.[34] Auch Micus und Lorenz weisen in ihrer Annäherung an das Phänomen der politischen Seiteneinsteiger auf vergleichbare Untersuchungsebenen hin.[35] Sie benennen – ähnlich wie auch Herzog[36] – darüber hinaus weitere Faktoren, die bei einer Analyse nicht unbeachtet bleiben sollten.

Die für die vorliegende Ausarbeitung gewählten Betrachtungskategorien werden im Folgenden näher ausgeführt. Zunächst folgt der Dreischritt Umwelt-Institution-Person. Darüber hinaus gehende Blickwinkel auf die Karriere Werner Maihofers sind in einem anschließenden Unterpunkt zusammengefasst.

II.1 Umwelt: Das politische Klima

Ein nicht zu unterschätzender, jedoch schwer fassbarer Einfluss auf den Auf- oder Abstieg eines Politikers ist der vorherrschende Zeitgeist. Das so genannte politische Klima – man spricht auch von politischer Kultur – ergibt sich aus subtilen und offensichtlichen, kollektiven Forderungen, Bedürfnissen, Ängsten und Überzeugungen einer Gesellschaft. „Damit wurden die geistigen und psychischen Verhaltensformen, die politische Mentalität in verschiedenen Ländern bezeichnet, die Voraussetzung für politisches Bewußtsein und politische Teilnahme, ja Grundlage einer Demokratie sein sollten.“[37] Dieses

33 Herzog, 1975, S. 18.

34 Forkmann, Daniela und Schlieben, Michael: ‚Politische Führung‘ und Parteivorsitzende. Eine Einleitung, in: dies. (Hrsg.): Die Parteivorsitzenden der Bundesrepublik Deutschland 1949-2005, Wiesbaden 2005, S. 11-21, hier S. 14ff.

35 Vgl. Lorenz/Micus, 2009, S. 1-18.

36 Vgl. Herzog, 1975, S.72ff.

37 Bracher, Karl Dietrich: Politik und Zeitgeist – Tendenzen der siebziger Jahre, in: ders./Jäger, Wolfgang/Link, Werner (Hrsg.): Republik im Wandel 1969-1974 – die Ära Brandt, Stuttgart 1986, S. 285-406, hier S. 287; vgl. auch Scherer, Klaus-Jürgen: Politische Kultur und neue

nur schwer mess- und greifbare Phänomen drückt progressive oder konservative Tendenzen einer Gesellschaft aus und gibt Aufschluss über bestimmte Einstellungen und Erwartungen. Die gemeinschaftliche Gemütslage kann durch ein Gefühl von Sicherheit oder Bedrohung geprägt werden, beeinflusst von wirtschaftlichem Aufschwung oder Rezession sowie von der Lage der Weltpolitik. Die jeweilige Ausrichtung des politischen Klimas entscheidet mitunter darüber, wie offen eine Gesellschaft für politische Neuerungen und Reformen ist. Das vorherrschende Klima kann zudem bestimmten Ressorts, wie der Wirtschafts- oder aber der Sozialpolitik, einen besonderen Stellenwert verschaffen. All dies hat einen starken Einfluss auf das Wahlverhalten, der sich direkt in den Stimmenanteilen niederschlagen kann. Auch das Emporkommen bestimmter Politikertypen kann durch diesen Faktor gefördert oder auch gehemmt werden.

Für die Untersuchung von Werner Maihofers Aufstieg ergeben sich daher folgende Fragen: In welche Richtung entwickelt sich das politische Klima der 1960er und 1970er Jahre, wie lässt es sich am ehesten fassen? Welche Auswirkungen hat es, zum einen auf die FDP und zum anderen damit auch auf die Karriere Maihofers?

II.2 Institution: Partei und Koalition

Die Betrachtung des institutionellen Umfelds schließt den Raum der Partei und den des Kabinettes ein. Auf die Relevanz dieser Sphären für die Arbeit eines Politikers weist beispielsweise Wiesendahl explizit hin.[38]

Bei der Rekrutierung von politischen Eliten kommt den Parteien eine „Schlüsselrolle“[39] zu. Für die Betrachtung von Werner Maihofers politischer Karriere ist es daher unabdingbar, die Stellung der FDP zu untersuchen. Aus

soziale Bewegungen, in: Glaeßner, Gert-Joachim/Holz, Jorgen/Schlüter, Thomas: Die Bundesrepublik in den siebziger Jahren, Opladen 1984, S. 71-91, hier S. 71; Sontheimer, Kurt und Bleek, Wilhelm: Grundzüge des politischen Systems Deutschlands, aktualisierte Neuauflage, München 2004, S. 180.

[38] Vgl. Wiesendahl, 2004, S. 167-188.

[39] Wiesendahl, Elmar: Rekrutierung von Eliten in der Parteiendemokratie, in: Gabriel, Oscar W./Neuss, Beate/Rüther, Günther (Hrsg.): Eliten in Deutschland, Bonn 2006, S. 94-113, hier S. 95.

ihrer Lage lassen sich Erkenntnisse darüber ableiten, wieso Maihofer zunächst an die Spitze verholfen wird, die ihm geleistete Unterstützung aber schnell schwindet.

Die FDP – damals kleinste Bundestagspartei – ist nicht eigenständig zu einer absoluten Mehrheit und damit zur Regierungsbildung imstande. Daher hängt ihre Rolle sehr stark von den übrigen Parteien ab. Zwischen den politischen Gruppierungen entstehen variierende Interdependenzen, die sich auch auf die innere Verfasstheit, also auf Programmatik und Personalfragen, der FDP auswirken. Auf den ersten Blick erweist sich dabei das Verhältnis zu den beiden großen Parteien und möglichen Koalitionspartnern als richtungsweisend.[40] In der Literatur stößt man darüber hinaus jedoch auch auf Passagen, die eine besondere Tragweite des subtileren und indirekteren Verhältnisses der FDP zu den kleinen Konkurrenzparteien erkennen lassen.[41] Diese wechselnden Abhängigkeiten werden in der Analyse detailliert dargelegt, in der Annahme, hier einen Erklärungsansatz für den Verlauf der Karriere Maihofers zu finden.

Zur Erklärung ist zudem folgende Beobachtung von großer Bedeutung: In der Zeit von Werner Maihofers politischer Aktivität verändern sich sowohl die äußere als auch die innere Positionierung der FDP wiederholt, was auch das Parteiensystem insgesamt beeinflusst.[42] Diese Wandlung wirft zwei Fragen auf: In welcher Weise öffnet sich mit der neuen Selbstverortung der Liberalen ein passendes Gelegenheitsfenster für Maihofers Aufstieg? Lassen sich dagegen im erneuten Kurswechsel Gründe auf der über-individuellen Parteiebene erkennen, die zu seinem Abstieg führen? Um Antworten zu finden, soll die Entwicklung der FDP in den Jahren um Maihofers Hinwendung zur Partei analytisch betrachtet werden. In einem späteren Abschnitt wird gleichermaßen die Lage der Partei zur Zeit des Falls betrachtet.

---

40 Vgl. Kaack, Heino: Die Liberalen, in: Löwenthal, Richard und Schwarz, Hans-Peter (Hrsg.): Die zweite Republik, Stuttgart-Degerloch 1974, S. 408-432, hier S. 430.

41 Vgl. Sontheimer/Bleek, 2004, S. 52; vgl. auch Baum, Gerhart Rudolf und Juling, Peter: Auf und Ab der Liberalen, Gerlingen 1983, S. 62; Kaack, 1974, S. 422; Lösche, Peter und Walter, Franz: Die FDP, Darmstadt 1996, S. 72ff; Merck, Johannes: Klar zur Wende? Die FDP vor dem Koalitionswechsel in Bonn 1980 bis 1982, Berlin 1989, S. 48; Dittberner, Jürgen: FDP – Partei der zweiten Wahl, Opladen 1987, S. 113.

42 Vgl. Sontheimer/ Bleek, 2004, S. 249f.

Als weiterer Unterpunkt der institutionellen Ebene fällt das Umfeld der sozial-liberalen Koalition ins Auge. Maihofer bekleidet in direkter Folge aufeinander zwei Ministerposten, den ersten übernimmt er bereits wenige Monate nach seinem Parteieintritt. Es stellt sich also die Frage, wie sich der Seiteneinsteiger in das Gefüge der neuen Regierung einpasst, welche Rolle er in der Koalition einnimmt. Besonders relevant erscheint hier auch das Verhältnis zum jeweiligen Regierungschef zu sein. Dieser Punkt wird in der Struktur der Analyse unterschiedlich verortet. In der Untersuchung des Aufstiegs wird das Verhältnis zu Willy Brandt – gerade auch wegen dessen Innigkeit – unter die Ebene der Persönlichkeit Maihofers geordnet. Es wird überprüft, wie sich Maihofer als Mensch in das bestehende Bündnis einfügt. Bei der Betrachtung des Abstiegs jedoch fällt dieser Gesichtspunkt zusammen mit anderen Veränderungen der institutionellen Umwelt Maihofers. Um den Minister herum finden zahlreiche Umstrukturierungen und Neubesetzungen der Ämter statt. Daher wird der Gesichtspunkt in diesem Fall auf der institutionellen Ebene verortet.

Zum Feld der Institution zählt zudem auch Maihofers formelle Macht durch die jeweilige Positionierung innerhalb von Partei und Kabinett. Dieser Aspekt wird differenziert behandelt. Die parteiinterne Funktion wird detailliert in der Analyse von Lage und Wandlung der FDP abgehandelt. In der Frage der Ministerposten herrscht jedoch eine starke Überschneidung mit dem Bereich der persönlichen Ressourcen und Restriktionen Maihofers vor. Daher wird dieser Aspekt in der folgenden Untersuchungsebene aufgegriffen.

II.3 Person: Lebensweg und Persönlichkeit

Bei der Betrachtung einer individuellen Politikerlaufbahn versteht es sich, dass persönliche Aspekte von besonderem Interesse sind. Welche menschlichen Voraussetzungen bringt Werner Maihofer also mit in die politische Karriere? Was sind sein charakterlichen Stärken und Schwächen? Inwiefern lässt sich ein Einfluss dieser auf seinen Werdegang vermuten? Eine Betrachtung dieser Aspekte ist zur Analyse durchaus ergiebig, jedoch soll eine allzu psychologisierende Argumentation vermieden werden.[43] Besonderes Augenmerk richtet sich dagegen auf die Frage des politischen Stils Maihofers, der sich aus seiner Persönlichkeit ergibt.

Interessant ist auch Maihofers vor-politischer Lebenslauf. Welche Wegmarken weisen ihn in Richtung Berufspolitik? Wo finden sich erste Berührungspunkte mit der Politik? Welche Erlebnisse begründen die Motivation für das Engagement? Jedoch ist auch hier eine gewisse Zurückhaltung angebracht, um die Vita nicht deterministisch auf die politische Laufbahn umzumünzen. Pierre Bourdieu warnt in diesem Zusammenhang vor den Gefahren der biografischen Illusion.[44] Schwarz weist jedoch auf die Bedeutung der politischen Generation[45] hin, die den Ansatz einer Kategorisierung des Lebenslaufs ermöglicht.[46] Dieser Aspekt wird in die vorliegende Studie randständig einbezogen, jedoch nicht schwerpunktmäßig abgehandelt.

Ein besonders relevanter Teilaspekt hingegen ist der zivile Beruf des Politikers und insbesondere des Seiteneinsteigers.[47] So bilden sowohl Maihofers Rolle als habilitierter Wissenschaftler als auch sein Fachgebiet der Rechtswissenschaft relevante Bausteine seines politischen Werdegangs. Für den Untersuchungsgegenstand Maihofer ist zudem dessen Außenwirkung von großer Bedeutung. Das Image, das bereits vor dem Eintritt in die FDP an ihm haftet, ist ein enorm einflussreicher Faktor für sein Emporkommen. Daher wird das persönliche Ansehen und das durch die Medien vermittelte Bild für diese Analyse eine maßgebende Rolle spielen.

---

43 Vgl. Schwarz, 1985, S. 8f.

44 Vgl. Bourdieu, Pierre: Die biographische Illusion. In: BIOS, 3 (1990), S. 75-81.

45 Die Verwendung des Begriffs folgt der Definition in den Abhandlungen Karl Mannheims zu diesem Thema. Vgl. Mannheim, Karl: Das Problem der Generationen, in: Wolff, Kurt H. (Hrsg.): Karl Mannheim. Wissenssoziologie. Auswahl aus dem Werk, Berlin, Neuwied 1964, S. 509-565. Vgl. auch weiterführend zur Theorie der politischen Generation: Jureit, Ulrike und Wildt, Michael (Hrsg.): Generationen: Zur Relevanz eines wissenschaftlichen Grundbegriffs, Hamburg 2005; Künemund, Harald und Szydlik, Marc (Hrsg.): Generationen. Multidisziplinäre Perspektiven, Wiesbaden 2009; Reulecke, Jürgen (Hrsg): Generationalität und Lebensgeschichte im 20. Jahrhundert, München, 2003.

46 Vgl. Schwarz, 1985, S. 10.

47 Vgl. Lorenz/Micus, 2009, S. 12f; vgl. auch Schwarz, 1985, S. 10.

II.4 Weitere Untersuchungsschwerpunkte

Neben den genannten Untersuchungsebenen setzt diese Studie weitere Schwerpunkte bei der Betrachtung von Werner Maihofers Karriere. Diese schlagen sich nicht in einzeln gegliederten Kapiteln nieder, treten aber in den oben erläuterten Hauptabschnitten immer wieder als Analysekriterien in Erscheinung. So soll verhindert werden, dass trotz des festgelegten Analyserahmens (Umwelt-Institution-Person) darüber hinaus relevante Kernbereiche unbeachtet bleiben. Die Auswahl dieser weiterführenden Perspektiven ergibt sich aus verschiedenen Aspekten, die sich während der Recherche als bedeutsam erwiesen. Diese decken sich weitgehend mit den von Micus und Lorenz vorgestellten Analyseschwerpunkten der Seiteneinsteigerforschung.[48]

Besonders interessant für die Frage des Ein- und Aufstiegs erscheint so beispielsweise das Moment der **Rekrutierung**. Was führt einen bisher der Parteipolitik fern stehenden Rechtswissenschaftler zum Parteieintritt und zum berufspolitischen Engagement? Welche Parteigröße spielt hierbei eine entscheidende Rolle? Direkt damit verbunden ist: Wie entwickelt sich das Verhältnis zu dieser Figur? Existiert ein **Förderer, Mentor, Protektor** innerhalb der Partei oder innerhalb des Regierungsumfeldes? Gesucht wird also nach variierenden Personenkonstellationen und Abhängigkeitsverhältnissen im Umfeld des Seiteneinsteigers als einem wichtigen Faktor für dessen Erfolg oder dessen Scheitern.

Ein hoher Stellenwert wird zudem der **Presse** beigemessen. Micus und Lorenz weisen explizit auf die Bedeutung des Wechselspiels zwischen Politiker und Medien hin.[49] In der vorliegenden Analyse äußert sich dies vor allem in der breiten Nutzung von Zeitungsartikeln als Fundament der getroffenen Aussagen. Besonderes Gewicht hat dieser Faktor für das öffentliche Ansehen Werner Maihofers, das für seine Karriere von größtem Belang ist.

Im gesamten Verlauf des Werdegangs soll dem Phänomen des Seiteneinstiegs gesonderte Aufmerksamkeit zukommen. Wie entwickelt sich die ursprüngliche Außenseiterstellung Maihofers? Wie integriert er sich in den

48 Vgl. Lorenz/Micus, 2009, S. 8ff.

49 Vgl. ebd., S.13 ff.

politischen Alltag? Erwirbt er die notwendigen Schlüsselkompetenzen und gleicht sich schrittweise an den Stand der Berufspolitiker an? Oder wird die isolierte Stellung als politischer Exot beibehalten, möglicherweise sogar kultiviert? Allgemein lassen sich diese Punkte mit der Frage nach dem Grad der **Professionalisierung** bündeln.

III Prolog – Biografisches

Werner Maihofer wird am 20. Oktober 1918 in Konstanz geboren. Wenig später kommt sein jüngerer Bruder zur Welt. Der Vater, ein Bauernsohn und Soldat im Ersten Weltkrieg, arbeitet sich hoch vom Rechtsschreiberlehrling zum Verwaltungsdirektor des örtlichen Krankenhauses. Die Mutter ist eine Handwerkertochter vom Bodensee.

Politik ist kaum Thema bei den Maihofers, am südlichen Rand des Deutschen Reiches fühlt man sich ohnehin fast als Schweizer. Stattdessen wird viel Wert auf philosophische Bildung gelegt. Schon Großvater Maihofer, ein Schuhmacher, gilt als Dorfphilosoph und auch der Vater hat den Ruf, ein philosophischer Kopf zu sein. Beide Eltern sind freireligiös. Statt zur Kirche gehen Vater und Söhne jeden Sonntagmorgen ins Zeppelin Oberrealgymnasium, dessen Musikraum für die Morgenandacht der Religionsgemeinschaft zur Verfügung steht. Dort hört Werner Maihofer von Kindesbeinen an philosophische Vorträge, deren Inhalte anschließend im Familienkreis weiter diskutiert werden. Damit eröffnet sich schon früh der Weg in Richtung Philosophie.

Die Familie nimmt durch die Zugehörigkeit zur Freikirche eine Außenseiterstellung ein. Hieraus entsteht Maihofers Sensibilität für randständige Bevölkerungsgruppen, sowie sein Gespür für das Unübliche, das Querdenken. Verstärkt wird dies durch die alternative Bildung, die Werner Maihofer in der Schule zuteil wird: Da er weder in den katholischen noch in den evangelischen Religionsunterricht passt, erhält er Ersatzunterricht. Dieser wird für alle diejenigen Kinder durchgeführt, die beim üblichen Schulunterricht außen vor bleiben. So nimmt beispielsweise auch der jüdische Mitschüler Peter Pickert daran teil, mit dem Maihofer bis zu seinem Tod in Kontakt steht. Neben der Zusammensetzung gilt auch der Unterrichtsstoff der Klasse als unorthodox: Betreut vom örtlichen Archäologen werden die Schüler mit der Umgebung und den aktuellsten archäologischen Funden und Ausgrabungen vertraut macht.

Im Alter von 15 Jahren wird Maihofer schließlich doch noch evangelisch getauft. Die Großmutter hatte ihrem Sohn das Versprechen dazu auf dem

Sterbebett abgenommen. In seinem späteren Leben bezeichnet sich Maihofer in Anlehnung an Ludwig Feuerbach oftmals als „'frommer Atheist'".[50] In Fragen von Religion und Kirche bezieht er sich später vor allem auf deren Freiheitsgedanken.[51]

Eine starke Prägung[52] erfährt Maihofer auch durch die Erziehung seiner Mutter: Sie achtet streng darauf, dass ihr Sohn den Musikunterricht besucht – er spielt Bratsche – und wacht darüber, dass das Erlernte fleißig geübt wird. Außerdem ist sie begeisterte Sportlerin, spielt Tennis, geht Bergsteigen, Ski- und Eislaufen. Beide Eltern beschreibt Maihofer als sportlich und lebenslustig. Die Söhne werden an all ihren Aktivitäten beteiligt: Buchstäblich jeden Tag geht es zum Schwimmen, Bergsteigen, Eislaufen oder Skifahren. Die gesamte Jugendzeit ist maßgeblich durch die sportliche Aktivität gezeichnet.[53]

Diese für damalige Verhältnisse ungewöhnlich stark ausgeprägte Freizeitgestaltung sowie die Religionszugehörigkeit abseits des Üblichen führen dazu, dass Maihofer die Zeit in seinem Elternhaus bezüglich der Wertevermittlung als ein ganz und gar unbürgerliches Leben beschreibt.[54]

Der Sport nimmt einen großen Stellenwert in Werner Maihofers Jugend ein. Nach der Schule ist er entweder auf dem Tennisplatz, auf dem Segelboot, in den Bergen oder auf dem Eis zu finden. Um im Unterricht nicht den Anschluss zu verlieren, gewöhnt er sich einen Arbeitsrhythmus und eine enorme Disziplin an, die er sein ganzes Leben lang beibehalten wird: Jeden Tag klingelt um vier Uhr sein Wecker, Hausaufgaben und Lernstoff werden –

---

50 Schreiber, Hermann: Ein Quadflieg als Sheriff, in: Der Spiegel, 09.12.1974.

51 Vgl. Zirngibl, Willy: Gefragt: Werner Maihofer, Bornheim 1975, S. 23.

52 Der Begriff Prägung wird hier als sozialpsychologische Metapher verwendet. Den komplexen psychosozialen und kognitiven Abläufen, die die menschliche Entwicklung beeinflussen, kann das stark vereinfachte, technokratisierte Bild der Prägung zwar nicht fassen, jedoch sollen die Implikationen seiner alltagssprachlichen Bedeutung hier durchaus Beachtung finden. Vgl. zum Begriff Prägung: Bischof, Hans-Joachim: Instinkt, Prägung und frühes Lernen, in: Irle, Eva und Markowitsch, Hans J. (Hrsg.): Enzyklopädie der Psychologie – Vergleichende Psychobiologie, Göttingen 1998, S. 307-372; Schmitt, Rudolf: Entwicklung, Prägung, Reifung, Prozess und andere Metaphern. Oder: Wie eine systematische Metaphernanalyse in der Entwicklungspsychologie nutzen könnte, in: Mey, Günter (Hrsg.): Handbuch Qualitative Entwicklungspsychologie, Köln 2005, S. 545-584.

53 Vgl. Werner Maihofer im Gespräch mit der Autorin am 10.03.2008.

54 Vgl. Ebd..

wie später Vorlesungsinhalte und Aktenstudium – in den frühen Morgenstunden erledigt. Ein Tagesrhythmus, den Maihofer bis zu seinem Tode nicht abgelegt hat.

In den beiden Jahren vor seinem Abitur wird Maihofer in den Kader des deutschen Eislauf-Olympiateams aufgenommen und für die gesamten Wintermonate vom Unterricht befreit, um am Trainingslager teilzunehmen. Von seinen Mitschülern wird er dafür bewundert. Erst kurz nach seiner Rückkehr vom Trainingslager im Jahr 1937 erfährt er, dass er ein vorgezogenes Abitur ablegen muss. Den verpassten Lernstoff holt er innerhalb von zwei Wochen nach und bringt es auf einen Einserschnitt.

Vom Nazi-Regime ist Werner Maihofer bis dahin nicht unberührt geblieben, auch wenn es keinen schwerwiegenden Einfluss auf sein Denken und seinen Alltag zu haben scheint. Sein Vater ist ein überzeugter Demokrat, was die Außenseiterstellung der Familie nach Ansicht Werner Maihofers weiter verstärkt. Dennoch tritt der Vater letztlich der NSDAP bei – aus Karrieregründen, wie Maihofer annimmt. Nationalsozialistisches Gedankengut habe er bei seinem Vater zumindest nie erkannt. Nichtsdestotrotz schickt er beide Söhne in die Hitlerjugend (HJ). Diese wird für Werner Maihofer eine weitere Struktur zur Organisation seiner Freizeitaktivitäten neben den vielen Clubs und Vereinen, denen er ohnehin schon angehört. Ideologisch fühlt er sich nach eigener Aussage von den Nazis nicht angezogen. Im Gegenteil: Die Maihofer-Brüder versuchen bewusst, sich vom politischen Betrieb der HJ fern zu halten. Werner spielt Bratsche im Bahnorchester, wie auch zuvor außerhalb der HJ.[55]

Nach dem Abitur intensiviert sich die Reibung mit den Nationalsozialisten. Werner Maihofer wird zum sechsmonatigen Arbeitsdienst eingezogen, muss in einem Trupp von fünfzehn jungen Männern Gräben ausheben, ein Sumpfgebiet drainieren. Was nach einer Zeit der stupiden, körperlichen Arbeit und des militärischen Drills klingt, führt Maihofer überraschend auf geistig-kulturelles Neuland. Zufällig besteht seine Einheit nämlich fast ausschließlich aus Absolventen des Elite-Internats Schloss Salem. Maihofer trifft so auf eine Gruppe hoch gebildeter, kritischer junger Männer, die ihm in Sachen Bildung um Längen voraus sind. So wird der Arbeitsdienst für ihn zu einer interessan-

55 Vgl. Ebd.

ten und lehrreichen Zeit, die ihm vor allem einen intellektuellen Zugewinn bedeutet.[56] Maihofer entwickelt hier sein Interesse für Literatur – nach Sport und Musik seine große Leidenschaft. Der SPIEGEL bezeichnet ihn später als „klassische Koalition aus Grips und Bizeps".[57]

Neben den inspirierenden Salem-Schülern erlebt Maihofer beim Arbeitsdienst jedoch auch die Nationalsozialisten zum ersten Mal hautnah – und der Kontrast könnte nicht größer sein. Die zuständigen Nazis sind Funktionäre untersten Ranges, über die sich die gebildeten jungen Männer schlichtweg lustig machen.[58]

Obwohl Maihofer nun selbst zum Teil des Systems wird, fühlt er sich diesem nicht zugehörig. Seine individuellen Eigenschaften wiegen für ihn schwerer als seine formelle Stellung. Der gebildete Abiturient kann sich mit den primitiv auftretenden Nazis nicht identifizieren. Auf ähnliche Weise grenzt er sich auch später als Politiker von der FDP ab. Die individuelle Ebene ist für ihn bedeutender als die Parteizugehörigkeit, er sieht sich nie als untergeordneter Teil einer Organisation. Maihofer definiert sich zu keinem Zeitpunkt seines Lebens über seine offizielle Stellung, stattdessen zählen für ihn Bildung und Charakter.

Nach dem Arbeitsdienst muss Maihofer seinen Militärdienst ableisten, der zunächst auf zwei Jahre ausgelegt ist. Danach tobt jedoch der Zweite Weltkrieg, Maihofer bleibt daher zunächst beim Militär. Wie schon sein Vater wählt er als Einheit die Nachrichtentruppe. Anders als den Arbeitsdienst empfindet er diese Zeit als unangenehm, auch wenn es keine ernsthaften Probleme für ihn gibt. Ihm missfällt aber seine Lage als Untergebener, er hasst es, von anderen herumkommandiert zu werden. Also beginnt er, sich nach oben zu arbeiten. Er eignet sich ein großes Fachwissen der hoch komplexen Nachrichtentechnik an, wird Gefreiter, Unteroffizier, schließlich Leutnant und damit Offizier.

Er erlebt den Krieg in Frankreich, in Russland und in Ungarn, eine Erfahrung die – typisch für die Generation[59] – seine spätere Einstellung formt:

56 Vgl. Ebd, S. 113f.
57 Schreiber, Hermann: ‚Lächelnd ins Abseits', in: Der Spiegel, 01.11.1971.
58 Vgl. Werner Maihofer im Gespräch mit der Autorin am 10.03.2008.
59 Vgl. Schwarz, 1985, S. 14f.

„Maihofer ist vom Krieg geprägt. Schließlich hat er ihn ganz miterlebt; er hat gesehen, wie Divisionen ‚verheizt' wurden, und er hat seinen Bruder im Krieg verloren, einen begabten Pianisten."[60] Die Kriegsjahre wecken in ihm den Drang, das politische Geschehen in Zukunft selbst mit zu bestimmen. Maihofer wörtlich: „Leider ist das in der Tat so, daß geschichtliche Erfahrungen nicht vermittelbar sind, wohl aber kann derjenige, der sie gemacht hat, mit dafür eintreten, alle Voraussetzungen dafür zu schaffen, daß sie sich nicht wiederholen."[61] Die nationalsozialistische Herrschaft führt bei Maihofer zu einer kritischen Distanz zu Ideologien und zu einer steten Betonung der individuellen Freiheitsrechte gegenüber dem Staat, er ist eines der „gebrannten Kinder eines Zeitalters der Ideologien".[62]

1942 heiratet Werner Maihofer seine Jugendliebe Margrit Schiele, die im Lauf der nächsten Jahre fünf Töchter von ihm bekommt. Er selbst ist jedoch bis zum Kriegsende hauptsächlich an der Front stationiert, kann kaum Zeit bei der Familie verbringen.

Bereits direkt nach dem Abitur steht für Werner Maihofer fest, dass er studieren möchte. Nachdem der Krieg vorüber ist, kann er sich nun endlich an der Universität einschreiben. Auch die Fachrichtung – Jura – ist bereits entschiedene Sache, aus seiner Jugendzeit allerdings noch von dem naiven Wunsch bestimmt, sich dadurch den Nationalsozialisten entziehen zu können: Er hat den Traum, als Diplomat im Ausland zu leben und verfällt der Illusion, dadurch vom Nazi-Regime unberührt zu bleiben.[63]

Nach dem Kriegsende bleibt es jedoch bei dem ursprünglichen Ziel: Werner Maihofer studiert ab 1946 Jura in Freiburg. Er fällt seinem Strafrechtsprofessor durch eine Hausarbeit auf, wird zum Doktorandenseminar geladen. Er promoviert 1950 mit einer Schrift zum *Handlungsbegriff im Verbrechenssys-*

---

60 Zundel, Rolf: Werner Maihofer, in: Reuther, Helmut (Hrsg.): Menschen unserer Zeit, Persönlichkeiten des öffentlichen Leben, der Kirche, Wirtschaft und der Politik, Bonn 1976, ohne Seitennummerierung.

61 Zirngibl, 1975, S. 11.

62 Schwarz, 1985, S. 16.

63 Vgl. Werner Maihofer im Gespräch mit der Autorin am 10.03.2008.

tem.[64] Anschließend beschäftigt er sich intensiv mit der Philosophie Martin Heideggers und dessen Werk *Sein und Zeit.*[65] In Anlehnung daran verfasst er seine Habilitation zum Thema *Recht und Sein* – ein Ansatz, das Werk Heideggers juristisch zu interpretieren.[66] Es kommt anschließend sogar zu einer Einladung in Heideggers Heim, in der dieser nach langer und intensiver Diskussion Maihofers kritisches Denken unterstützt.[67]

Auf die Habilitation folgen Rufe nach Saarbrücken und Würzburg auf einen Lehrstuhl für Strafrecht und Rechtsphilosophie. Maihofer nimmt zunächst beide an, pendelt fast ein Jahr lang zwischen den beiden Städten. Dann entschließt er sich endgültig für Saarbrücken, wo er später Dekan und Rektor wird. Die Beweggründe für die Entscheidung sind charakteristisch für seine Geisteshaltung, die neuartige Situation in einer Zeit des Aufbruchs reizt ihn.[68] Ein bald wiederkehrendes Muster nimmt hier seinen Anfang: Wo es gilt, etwas neu zu begründen, etwas zu formen, ist Maihofers Interesse geweckt. So zieht es ihn auch 1970 an die neu gegründete Reformuniversität in Bielefeld, wo er sich am Gründungssausschuss beteiligt.

Bereits in Saarbrücken beginnt Maihofers politische Einflussnahme: 1956 gibt er erstmals Anstöße zur Erneuerung des Hochschulrechts. Die Ausarbeitung der Vorschläge geschieht in kleinem Rahmen, der Legende nach, allein mit dem ersten Rektor der Universität Saarbrücken Heinz Hübner „auf dem Sofa im Wohnzimmer".[69] In einer völligen Neustrukturierung entwerfen die beiden Professoren eine moderne Verfassung für die nach der Saar-Abstimmung nun deutsche Universität.

---

64 Maihofer, Werner: Der Handlungsbegriff im Verbrechenssystem, Tübingen 1953.

65 Heidegger, Martin: Sein und Zeit, Tübingen 1927.

66 Maihofer, Werner: Recht und sein, Frankfurt am Main 1954.

67 Vgl. Maihofer, Werner: Werner Maihofer, in: Higendorf, Eric (Hrsg.): Die deutschsprachige Strafrechtswissenschaft in Selbstdarstellungen, Berlin, New York 2010, S. 391 – 413, hier S. 395.

68 Vgl. Werner Maihofer im Gespräch mit der Autorin am 10.03.2008.

69 Krumm, Karl-Heinz: Neben dem Chef sitzt der Chefdenker, in: Frankfurter Rundschau, 21.12.1972.

Mitte der sechziger Jahre macht sich Maihofer in Fragen der Strafrechtsreform als einer der so genannten Alternativprofessoren einen Namen.[70] Dieser Arbeitskreis legt 1965 Konzepte zu einer Reform des bestehenden Strafrechts vor. Demnach sollen statt Bestrafung vor allen Resozialisierung und Wiedereingliederung in die Gesellschaft Schwerpunkte des Strafvollzugs sein.

Auch in seiner Zeit als Vizepräsident der Westdeutschen Rektorenkonferenz (WRK), bemüht sich Maihofer, auf die Politik einzuwirken. Das Hochschulwesen befindet sich in einer Krise, der allgemeine Ruf nach Reformen wird besonders an den Universitäten laut.[71] Daraufhin schließen sich einige Rektoren – unter ihnen Maihofer – zu einer Arbeitsgruppe zusammen und konzipieren ein Manifest: die Godesberger Rektoren-Erklärung vom 6. Januar 1968.[72] Aus ihr gehen zahlreiche Vorschläge zu inneren Hochschulreformen sowie zur Autonomisierung der Universitäten hervor. Gleichzeitig strukturiert sich die WRK selbst in ihrer Arbeitsweise um, wird effektiver. Das rückblickende Ergebnis der Wirkungszeit Maihofers: „Die WRK war politisch aktionsfähig geworden."[73]

Als Universitätsrektor in Saarbrücken fällt Maihofer dadurch auf, dass er in der Konfrontation mit demonstrierenden Studenten Ruhe bewahrt. Vielerorts herrscht an den Hochschulen ein hitziges Klima zwischen Studenten und Professoren, die Außerparlamentarische Opposition (APO) erlebt ihre Hochphase. Maihofer aber steht den Aktivisten wohlwollend gegenüber.

1969 geht Maihofer im Alter von 51 Jahren den Schritt in die Politik und wird Mitglied der FDP. Sein anschließender politischer Aufstieg erscheint kometenhaft: Noch im Jahr seines Parteieintritts wird er in den Bundesvorstand gewählt. Daraufhin leitet er die Kommission zur Ausarbeitung eines neuen Grundsatzprogramms und veröffentlicht 1971 die Freiburger Thesen.

---

70 Vgl. Diederichs, Werner: Freiburger FDP-Thesen tragen auch Maihofers Handschrift, in: Die Welt, 13.12.1972.

71 Vgl. Becker, Werner: Wie es anfing, in: http://www.hrk.de/de/hrk_auf_einen_blick/103_224.php [eingesehen am 19.05.2010].

72 Westdeutsche Rektorenkonferenz (Hrsg.): Godesberger Rektorenerklärung vom 6.1.1968, Bonn, Bad Godesberg 1968.

73 Becker, Werner: Wie es anfing, in: http://www.hrk.de/de/hrk_auf_einen_blick/103_224.php [eingesehen am 19.05.2010].

Ein Jahr später wird er Mitglied des Bundestags und als Minister ohne Portefeuille ins Kabinett berufen. Zum Vergleich: Der durchschnittliche FDP-Politiker benötigt, vom Zeitpunkt des Parteieintritts an gemessen, allein für den Eintritt in den Bundestag fast neun Jahre.[74]

Der rasante Erfolg ist jedoch nicht beständig: Schon mit dem Umzug ins Innenressort 1974 beginnt der „Rücktritt in Raten“[75] des Seiteneinsteigers. Zwar verbucht er einige wichtige Erfolge: Er führt das bleifreie Benzin ein, macht sich für die Umweltpolitik stark, treibt den Gewässerschutz voran. Aus den verschiedensten politischen Lagern hagelt es jedoch schnell Kritik an seiner Amtsführung. In den folgenden Jahren gerät der Innenminister durch zwei Affären in die Schlagzeilen. Im Juni 1978 reicht er schließlich seinen Rücktritt ein. Dies markiert für die vorliegende Analyse das Ende der politischen Karriere Werner Maihofers.

Nachdem Maihofer in seinen Herkunftsberuf als Hochschullehrer zurückgekehrt ist, erlebt er in den 1990er Jahren eine kurze politische Renaissance: Der damalige Generalsekretär Guido Westerwelle bemüht Maihofer als Koryphäe des Sozialliberalismus, um die FDP durch die Wiesbadener Grundsätze programmatisch aufzurüsten.[76] Im Oktober 2009 verstirbt Werner Maihofer in seinem Wahlwohnsitz Bad Homburg.

Charakterisiert wird Maihofer von Wegbegleitern und Journalisten als warmherzig und charmant, er sei äußerst hartnäckig und belastbar.[77] Er gilt als gutmütig, sympathisch, weichherzig und unbekümmert.[78] Dennoch ist er vom Typ „gewußt wo, gewußt wie“[79], sein Händedruck lasse das Gegenüber aufschreien. Die Statur eines Leistungssportlers in Verbindung mit eher

74 Vgl. Herzog, 1975, S. 176.

75 o.A.: Rücktritt in Raten, in: Süddeutsche Zeitung, 26.05.1978.

76 Vgl. Freie Demokratische Partei (Hrsg.): Wiesbadener Grundsätze – für die liberale Bürgerschaft, Bonn 1997.

77 Vgl. Leicht, Robert: Hegel im Geist, die Bratsche im Gepäck, in: Süddeutsche Zeitung, 28.09.1972; vgl. auch Henkels, Walter: Professor mit politischem Schlüsselerlebnis, in: Frankfurter Allgemeine, 29.12.1972.

78 Vgl. Jäger, 1987, S. 116.

79 Henkels, Walter: Professor mit politischem Schlüsselerlebnis, in: Frankfurter Allgemeine, 29.12.1972.

sanften Charakterzügen verleiht ihm „dem Habitus nach eine seltsame Mischung aus Männlichkeit [...] und fast weicher Verbindlichkeit."[80]

Gegenüber den Menschen in seinem – auch beruflichen – Umfeld ist Maihofer umsichtig und loyal, Kalkül und Intrige sind ihm fremd.[81] Stattdessen zeichnet er sich durch Menschlichkeit, Anstand, Fairness und Einsatzfreude aus.[82] An Selbstbewusstsein fehlt es Maihofer nicht, zeitweise gibt er sich aber stur und eigensinnig.[83] Er ist kein Mensch, der sich leicht in den Hintergrund drängen lässt.[84]

Was Ideen angeht ist Maihofer ein „Maximalist".[85] Wegbegleiter Schreiber nennt ihn einen unruhigen, lebhaften Geist.[86] Seine Arbeitsweise ist konzentriert und exakt:

> *Manchen, die ihm bei der Denkarbeit zusehen, wird es hie und da etwas langweilig; ihnen kommt es vor, als werde da immer wieder in derselben Furche hin- und hergepflügt, so schildern manche Teilnehmer Diskussionen mit Maihofer. Sie geben allerdings auch zu: Da wird ein Problem mit so bedächtiger Ausdauer auf den Begriff gebracht, daß dann am Ende fast alle zustimmen können; einige freilich auch, weil ihre Energie zum Widerspruch in den langen Diskussionen mit untergepflügt wurde.*[87]

---

80 Fromme, Friedrich Karl: Der Sozialliberale, in: Frankfurter Allgemeine, 04.10.1974.

81 Vgl. Kämpf, Margret: Der Dünnhäuter auf dem Ministersessel, in: Kölner Stadt-Anzeiger, 20.08.1977.

82 Vgl. Krumm, Karl-Heinz: Wo andere prügelten, wollte er noch streicheln, in: Frankfurter Rundschau, 08.06.1978.

83 Vgl. Fromme, Friedrich Karl: Der Sozialliberale, in: Frankfurter Allgemeine, 04.10.1974; vgl. auch Kämpf, Margret: Der Dünnhäuter auf dem Ministersessel, in: Kölner Stadt-Anzeiger, 20.08.1977.

84 Vgl. Henkels, Walter: Professor mit politischem Schlüsselerlebnis, in: Frankfurter Allgemeine, 29.12.1972.

85 Zundel, 1976, ohne Seitennummerierung.

86 Hans-Ludwig Schreiber im Gespräch mit der Autorin am 25.03.2008.

87 Zundel, 1976, ohne Seitennummerierung.

IV Maihofers Aufstieg – Komet am blau-gelben Himmel

IV.1 Das politische Klima – Aufbruch und Reformeifer

In der rückblickenden Betrachtung der 1960er Jahre dominiert ein erstmals in dieser Form in Deutschland aufkommendes Gefühl von Freimütigkeit und Offenheit. Symbolisch für das Jahrzehnt festgemacht wird dies an den so genannten 68ern, der Kommune 1 und den teils spektakulären Aktionen der Studentenszene. Parallel zu dieser plakativen, auf öffentliche Wahrnehmung abzielenden Art der Liberalisierung findet auch in der gesamten Gesellschaft ein weitaus subtilerer, doch durchgreifender Wandlungsprozess statt, der politische Parteien und Akteure gleichermaßen beeinflussen muss.[88]

Tatsächlich ist die vorherrschende Meinung der Wissenschaft, dass sich in den sechziger Jahren eine Erneuerung in der bundesdeutschen Gesellschaft vollzieht. Sontheimer und Bleek wählen so den Begriff „Wandel“[89] als Charakteristikum des Jahrzehnts. Bickerich beobachtet eine Stimmung von Hoffnung, Wachstum und Euphorie.[90] Schmollinger beschreibt „eine Phase des Umbruchs mit Entscheidungen, Entwicklungen und parlamentarischen Verhaltensweisen, die noch ein Jahrzehnt zuvor kaum auszudenken gewesen wären.“[91]

Die Gründe für das Aufkommen dieser Aufbruchsstimmung sind vielschichtig. Der Einfluss der ersten erwachsen werdenden Nachkriegskinder

---

88 Vgl. Sontheimer/Bleek, 2004, S. 53, S. 193.

89 Ebd., S. 51; vgl. auch Bracher: Politik und Zeitgeist, 1986, S. 285; Bracher, Karl Dietrich: Vom Machtwechsel zur Wende, in: Bracher, Karl Dietrich; Jäger, Wolfgang; Link, Werner (Hrsg.): Republik im Wandel 1969-1974 – die Ära Brandt, Stuttgart 1986, S. 7-12, hier S. 7.

90 Vgl. Bickerich, Wolfram: Mut zum Mitleid – Die Reformpolitik der sozialliberalen Koalition, in: Bickerich, Wolfram (Hrsg.): Die 13 Jahre – Bilanz der sozialliberalen Koalition, Hamburg 1982, S. 11-26, hier S. 11f.

91 Schmollinger, Horst W. und Müller, Peter: Zwischenbilanz, Hannover 1980, S. 7.

macht sich bemerkbar.[92] Diese ersten Jahrgänge, die vollständig in der Bundesrepublik sozialisiert wurde, beginnen, die Vergangenheit ihrer Elterngeneration zu hinterfragen. Politik wird damit allmählich zum Thema der Jugendlichen. Die Politisierung wird potenziert durch eine formelle Änderung des Wahlrechts: Eine Absenkung des Wahlberechtigtenalters auf 18 Jahre erhöht die Stimmgewalt der jungen Deutschen.[93] Diese fühlbare Verjüngung der politisch aktiven Schicht führt zu einem Bedürfnis nach Veränderung und Reform, vor allem im sozialen Bereich. Der zentrale Appell: Die konstitutionell festgelegte Demokratie soll auf alle Lebensbereichen übertragen werden. Der Staat wird nicht mehr nur als Institution zur Gewährleistung von individuellen Sicherheiten und Sozialleistungen angesehen, sondern als dynamisches Gebilde der Mitgestaltung und Partizipation.[94] Für die Politik bildet die reformerische Jugend eine neuartige, bisher weitgehend unerschlossene Wählerschicht. Angesichts ihrer gestiegenen gesellschaftlichen Relevanz müssen die Eliten reagieren, um die potentiellen Wähler anzuwerben. Die Folge: Schrittweise finden ihre Forderungen auf die Agenden der Bundesparteien.

Eine weitere Ursache der plötzlichen Reformeuphorie in Deutschland liegt in der sozialen Umstrukturierung der Gesellschaft. Quantität und damit auch politisches Gewicht des so genannten *alten* Mittelstandes – also vor allem der selbständigen Unternehmer – nehmen ab. Die bundesdeutsche Sozialstruktur verschiebt sich stattdessen in Richtung des *neuen* Mittelstandes: hoch qualifizierten Angestellten und Beamten. Diese Bevölkerungsgruppe artikuliert grundsätzlich andere Wertvorstellungen als der *alte* Mittelstand. Sie steht für einen demokratischen und sozialen Liberalismus, gilt als reformfreudig und innovativ.[95] Die politische Mobilisierung dieser angewachsenen Schicht, sowie „der Arbeiter und Studenten, […] der Frauen und Jungwähler […] erzeugte ein politisches Klima, das der sozialliberalen Reformpolitik förderlich war."[96]

92 Vgl. Sontheimer/Bleek, 2004, S. 54f.
93 Vgl. Bracher: Vom Machtwechsel zur Wende,1986, S. 8.
94 Vgl. Sontheimer/Bleek, 2004, S. 195.
95 Vgl. Dittberner, 1987, S. 41f.
96 Borowsky, Peter: Deutschland 1970-1976, Hannover 1980, S. 64.

Auch in weiten Teilen der meinungsbildenden Prominenz setzt sich die Ansicht durch, autoritäre Strukturen seien durch libertäre demokratische zu ersetzen: Willy Brandt erhält massive Unterstützung durch eine Kampagne von Schriftstellern, Wissenschaftlern und Journalisten. Überall in die Republik formieren sich so genannte Sozialdemokratische Wählerinitiativen (SWI), die den liberalen Esprit populär machen: „Neben der gemeinsamen Motivation, sich für einen Regierungs- und Politikwechsel in der Bundesrepublik einzusetzen, ist auch nicht von der Hand zu weisen, dass es in bestimmten Kreisen *in* war, für Brandt und die SPD zu sein."[97] Die Wahlkampfhilfe der Meinungsführer aus Medien und Kultur gibt der Forderung nach einem Regierungswechsel enormen Aufwind. Ihren Höhepunkt erreicht die Bewegung jedoch erst 1972, als es darum geht, die Regierung Brandt nach dem Misstrauensvotum in einer vorgezogenen Bundestagswahl erneut zu bestätigen. Das Klima in Deutschland ist nicht zuletzt durch die wirkungsmächtigen Wählerinitiativen in den späten sechziger Jahren voll auf Erneuerung und Reform gepolt.

Neben den mentalen Voraussetzungen ist auch die ökonomische Lage günstig. Das so genannte Wirtschaftswunder der 1950er Jahre bietet die finanzielle Rahmenbedingungen für die beginnende Reformeuphorie: Nur gefüllte Staatskassen lassen tief greifende Neuerungen überhaupt erst zu. „Der wirtschaftliche Aufschwung Ende der 60er Jahre schien genügend Überschüsse abzuwerfen, um die geplanten Reformen auch zu finanzieren."[98]

Parallel dazu ergeben sich aus dem neuen Wohlstand der westdeutschen Gesellschaft aber auch erste Probleme[99]: Drogenmissbrauch, Jugendprotest und Asylfragen stellen die Gesellschaft vor bisher unbekannte Herausforderungen.[100] Die wirtschaftliche Stabilität dient der Bevölkerung angesichts dessen als Basis, um weniger elementare Politikfelder – wie Soziales oder Bildung – in den Vordergrund zu rücken. Ronald Inglehart führt in seiner Studie *Die Stille Revolution* den Begriff des Wertewandels vom Materialismus

[97] Münkel, Daniela: Willy Brandt und die „vierte Gewalt". Politik und Massenmedien in den 50er und 70er Jahren, Frankfurt 2005, S. 169.

[98] Borowsky, 1980, S. 64.

[99] Vgl. Sontheimer/Bleek, 2004, S. 192f.

[100] Vgl. Lamprecht, 1982, S. 67.

zum Postmaterialismus ein.[101] Dieser beschreibt eine Verschiebung der Grundwerte, die sich auch in Deutschland vollzieht. Die bis dahin vorherrschende Wiederaufbau- und Wirtschaftspolitik verliert im Bewusstsein der Gesellschaft an Relevanz und lässt Raum für weitergehende Gedanken zu sozialen und später umweltpolitischen Aspekten. In der deutschen Innenpolitik ergeben sich daraus in fast allen Bereichen Forderungen nach tief greifenden Reformen, „mit deren Hilfe die Bundesrepublik zu einer besonders fortschrittlichen und sozial gerechten demokratischen Republik entwickelt werden sollte."[102]

Im Schwung dieser Reformwelle betritt Werner Maihofer das politische Parkett. Sein Profil entspricht – wie im weiteren Verlauf der Analyse detailliert dargelegt –den Anforderungen, die sich aus dem Wandel des Zeitgeistes ergeben. Das politische Klima erweist sich damit als positiver Faktor, gar als Wegbereiter für seine Karriere.

IV.1.1 1969 als Stunde Null

Der oben beschrieben Wandel führt zu folgender These: 1969 ist für die bundesdeutsche Geschichte die Schwelle zu etwas Neuem, eine Stunde Null. Vieles deutet auf eine „tiefe Krise"[103] hin: Das Zustandekommen einer einflussreichen und medienpräsenten Außerparlamentarischen Opposition, die zur Regel werdenden Auseinandersetzungen zwischen Protestierenden und Polizei, das Abrutschen einiger Unzufriedener in den linken Terrorismus. Gleichzeitig werden die 1960er Jahre, wie beschrieben, als Phase des Aufbruchs und der Hoffnung wahrgenommen. Der fundamentale Wandel in der kollektiven Mentalität fordert eine für die Bevölkerung sichtbare Rekonstruktion und Umbesetzung der politischen Struktur.

Äußerlich und endgültig manifestiert sich der Neubeginn im Regierungswechsel 1969: Erstmals scheiden die konservativen Unionsparteien aus der

---

101 Vgl. Inglehart, Ronald zitiert nach Sontheimer/Bleek, München 2004, S. 195.

102 Sontheimer/Bleek, 2004, S. 193.

103 Lamprecht, Rolf: Abwendung vom Idealkurs – Die Rechtspolitik der sozialliberalen Koalition, in: Bickerich, Wolfram (Hrsg.): Die 13 Jahre – Bilanz der sozialliberalen Koalition, Hamburg 1982, S. 65-82, hier S. 67.

Regierung aus. SPD und FDP befinden sich damit in einer vollkommen neuartigen Bündnisposition, an die Personal und Programme erst einmal (wenn nötig nachträglich) angepasst werden müssen. Dies bedeutet, dass sowohl im Parteiensystem als auch innerhalb der Parteien eine Art Tabula Rasa-Situation vorherrscht. Bei den Liberalen kommt die Besonderheit hinzu, dass eine parteispezifische Krisensituation den Zwang zur Erneuerung verstärkt.[104]

Die Stunde Null der FDP führt zu speziellen Anforderungen an die Partei, ihre Akteure und ihre Programmatik. Aus dieser Beobachtung ergeben sich folgende Fragen zur Analyse der Karriere Werner Maihofers: Wie entwickelt sich die FDP im Parteiensystem? Was bedeutet dies für die interne Verfassung der FDP? Inwiefern besteht ein Zusammenhang zwischen dem Neubeginn der Freien Demokraten und dem Aufstieg von Werner Maihofer? Die nächsten Abschnitte versuchen, diese Fragen zu beantworten.

IV.2 Partei und Koalition – Aushängeschild gesucht!

IV.2.1 Der Wandel der FDP

Die Liberalen durchlaufen in den sechziger und siebziger Jahren entscheidende Phasen der Veränderung ihrer politischen Verortung. In der folgenden Abhandlung wird der Weg, den die Partei während dieser beiden Jahrzehnte durchläuft, grob umrissen. Es handelt sich dabei um eine ganzheitliche, deskriptive Darstellung der Entwicklung. Die Analyse erfolgt aufgegliedert in die für diese Untersuchung relevanten zeitlichen Kapitel: Zunächst für die Zeit des Aufstiegs Werner Maihofers im folgenden Abschnitt, dann für die Zeit des Falls in Punkt V.2.

Seit 1966 befinden sich die bundesdeutschen Freidemokraten, traditionell Bündnispartner der Union, gegenüber der ersten Großen Koalition in der Opposition. 1968 wird Erich Mende im Amt des Parteivorsitzenden durch Walter Scheel abgelöst. Dieser Führungswechsel manifestiert einen seit 1966

[104] Vgl. Dittberner, 1987, S. 146.

einsetzenden Wandlungsprozess der Partei.[105] Von ihrer ursprünglichen nationalliberalen Basis – Mende ist einer ihrer Köpfe – trennt sich die FDP. Stattdessen bemüht sie sich, neue Wählerschichten im linksliberalen und studentischen Milieu zu erschließen, die ihre Kritik an der Machtkonzentration der Großen Koalition bis dahin durch außerparlamentarischen Protest auf der Straße artikulieren.[106] In diesem Linksschwenk lässt sich eine schrittweise Abwendung von den christdemokratischen Parteien als mögliche Koalitionspartner erkennen. Eine erstmalige Offenheit gegenüber der Sozialdemokratie als Bündnispartner symbolisiert schließlich die FDP-unterstützte Wahl des SPD-Kandidaten Gustav Heinemann zum Bundespräsidenten im März 1969.[107]

Im September desselben Jahres schließen sich FDP und SPD durch beherztes Engagement ihrer Vorsitzenden Walter Scheel und Willy Brandt zur sozial-liberalen Koalition zusammen. Die FDP stellt dabei drei Minister: Hans-Dietrich Genscher übernimmt das Innere, Walter Scheel wird Außenminister, Josef Ertl erhält das traditionell liberal besetzte Agrarressort. Trotz des Erfolges der erneuten Regierungsbeteiligung besteht bei den Liberalen Anlass zur Sorge: Nur knapp überwinden sie die Fünf-Prozent-Hürde und büßen damit mehr als ein Drittel ihrer vormaligen Unterstützer ein.[108]

Schon im Herbst 1972 allerdings wird nach dem von den Unionsparteien eingebrachten, gescheiterten Misstrauensvotums gegen Kanzler Willy Brandt von wegen des Abstimmungs-Patts im Parlament in einer vorgezogenen Wahl der Bundestag neu gewählt. Die Liberalen können ihren Stimmenanteil dabei mit 8,4% wieder stabilisieren. Daraufhin werden ihnen zwei weitere Regierungsposten zugebilligt: Werner Maihofer wird als Minister ohne Portefeuille ins Kabinett berufen, Hans Friderichs folgt dem Sozialdemokraten Karl Schiller im Wirtschaftsministerium nach. Die FDP baut in dieser Zeit ihr Image als sozialliberale Reformpartei auf und schließt endgültig mit der nationalliberalen Tradition ab.[109] Bald nach der Wahl 1972, die der sozial-

---

105 Vgl. ebd., S. 113ff.

106 Vgl. Kaack, Heino: Zur Geschichte und Programmatik der Freien Demokratischen Partei, Meisenheim am Glan 1976, S. 47; vgl. auch Schmollinger/Müller, Hannover 1980, S. 26.

107 Vgl. Kaack, 1976, S. 39.

108 Vgl. Schmollinger/Müller, Hannover 1980, S. 12.

109 Vgl. Lösche/Walter, 1996, S. 85.

liberalen Koalition die dringend benötigte plebiszitäre Legitimation bringt, werden erste Spannungen zwischen FDP und SPD sichtbar.

1974 erhält die Regierung ein neues Führungsgespann: Nach Willy Brandts Rücktritt wird Helmut Schmidt Bundeskanzler, Walter Scheel überlässt als neuer Bundespräsident Hans-Dietrich Genscher die Ämter des FDP-Vorsitzenden und Außenministers. Ins somit vakant werdende Innenministerium rückt Werner Maihofer auf. Der Wechsel an den Spitzen der Parteien korreliert zeitlich mit der einsetzenden wirtschaftlichen Rezession und einer damit einhergehenden gesellschaftlichen Klimaveränderung in Deutschland (s. Punkt V.1).[110] Diese schlägt sich auch auf die Ausrichtung der Liberalen nieder: Nimmt die linksliberale Tendenz der FDP nach 1973 zunächst langsam ab, so zeigt sich um 1977/78 eine deutliche Abkehr vom Sozialliberalismus und eine endgültige Hinwendung zum Wirtschaftsliberalismus.[111] Dieser abermalige Wandel manifestiert sich in der Wiederannäherung an das christdemokratische Lager mit dem Ergebnis der schwarz-gelben Koalition im Jahr 1982.

Anhand der beschriebenen Entwicklung der FDP lassen sich grob drei Phasen[112] unterteilen, die auch mit der gesellschaftspolitischen Strömung korrelieren:

1. 1966-1973/74: Hinwendung zum Linksliberalismus und Konsolidierung dieses Trends;

---

[110] Vgl. Sontheimer/Bleek, 2004, S. 192f; vgl. auch Bickerich, 1982, S. 11f.

[111] Vgl. Lösche/Walter, 1996, S. 97f.

[112] Bracher teilt die Zeit der sozial-liberalen Koalition in drei Segmente ein, die er an den Jahreszahlen 1969, 1973 und 1977 festmacht. Diese spiegeln auch den Weg der FDP wieder: „Auf die Ära der großen Erwartungen folgt die Zeit der großen Ernüchterung und schließlich der Einbruch in ein neues Krisendenken." (Bracher: Politik und Zeitgeist, 1986, S. 286, vgl. auch S. 313.) Ähnliche zeitliche Einschnitte werden auch in anderen Analysen markiert. Vgl. Dittberner, 1987, S. 115; Lösche/Walter, 1996, S. 72; Schmollinger/Müller, 1980, S. 25; sowie Hermand, Jost: Die Kultur der Bundesrepublik Deutschland 1965-85, München 1988, S. 613; Sontheimer, Kurt: Möglichkeiten und Grenzen liberaler Politik. Zum Selbstverständnis der F.D.P., in: Sontheimer, Kurt (Hrsg.): Möglichkeiten und Grenzen liberaler Politik, Düsseldorf 1975, S. 117-132, hier S. 125.

2. 1973/74-1977/78: Ernüchterung und Abkehr vom Linksliberalismus, Tendenz zum Wirtschaftsliberalismus;
3. ab 1978: Endgültige Durchsetzung des Wirtschaftsliberalismus.

IV.2.2 Die Lage der FDP im Parteiensystem

Der folgende Abschnitt beschreibt die Konsequenzen der Neuverortung der FDP mit Hinblick auf das Parteiensystem. Wie steht die FDP zu ihren Konkurrenten? Welche Auswirkungen haben die übrigen Parteien auf die Politik der Liberalen? Zunächst richtet sich das Augenmerk dabei auf das Verhältnis zum kleinen Konkurrenten, der NPD. Ungeachtet der relativen Erfolglosigkeit der Partei – der angestrebte Parlamentseintritt 1969 misslingt knapp –, hat die Gruppierung, ohne direkte Konkurrenz im Bundestag zu sein, großen Einfluss auf die Entwicklung der FDP.

Anschließend wird der Standpunkt der Freien Demokraten mit Blick auf die großen Volksparteien SPD und CDU/CSU untersucht. Dabei ist vor allem der Prozess ihrer programmatischen Wanderung durch das links-rechts-Spektrum des Parteiensystems von Interesse. In die Betrachtung einbezogen wird zudem die funktionale Rolle der FDP als „Mehrheitsbeschaffer-Partei“.[113]

A Die FDP und die kleinen Parteien

Wie bereits angerissen (s. Punkt III.2.1), durchläuft die FDP in den späten sechziger Jahren eine fundamentale Wandlung. Diese programmatische Veränderung, die zunächst ein parteiinternes Phänomen zu sein scheint, ist entscheidend beeinflusst durch die Konkurrenzsituation der kleinen Parteien, die sich als Alternativen oder Korrektive zu den großen Parteien präsentieren.

Zu Beginn der ersten Phase des grundlegenden Umschwungs der Liberalen (s. Punkt III.2.1), also etwa zwischen 1966 und 1968[114], steht erstmals eine

---

[113] Augstein, Rudolf: Macht und Ohnmacht der Liberalen, in: Grube, Frank und Richter, Gerhard: (Hrsg.): Der SPD-Staat, München 1977, S.297 – 305, S. 301.

[114] Vgl. Sontheimer/Bleek, 2004, S. 52.

vierte Kraft dicht vor der Möglichkeit, in den Bundestag einzuziehen: die NPD. Sie wird damit zur greifbaren Existenzbedrohung für die FDP.

Trotz des oft beschriebenen Linkstrends[115] der Gesellschaft und dem damit einhergehenden Verblassen „autoritäre[r] zugunsten von demokratischen Verhaltensweisen“[116], kann die erst 1964 gegründete NPD in den folgenden Jahren auf Landesebene erstaunliche Erfolge verbuchen. Nach Ergebnissen von fast zehn Prozent in einer Reihe von Landtagswahlen[117] spekuliert sie 1969 auf den Einzug in den Bundestag. Innerhalb kurzer Zeit wird die junge Partei damit zu einer ernst zu nehmenden Bedrohung für die FDP.[118] Denn die Liberalen beziehen sich bis zur einsetzenden Wandlung 1966 vor allem auf nationalliberale Werte und sind damit im links-rechts-Schema des Parteiensystems in ihren Kernthemen eher rechts einzuordnen.[119] Mit dem Aufstreben der Nationaldemokraten und ihrer eindeutigen Selbstverortung rechts der CDU/CSU wird die FDP aus ihrem traditionellen nationalliberalen Terrain verdrängt. „Den Verlust eines relevanten Teils ihrer Wähler absehend, begann die FDP zunächst sehr vorsichtig, ihre Position im Parteiensystem zu verändern. Die Entwicklung nach rechts stand für sie freilich nicht mehr zur Debatte.“[120] Lösche und Walter gehen in ihrer Analyse so weit, zu sagen, angesichts der NPD-Erfolge habe die FDP *zwangsläufig* eine linksliberale Richtung einschlagen müssen, um ein eigenständiges Profil zu erhalten.[121]

B Die FDP und die großen Parteien

Neben dem Verhältnis zu den kleinen Parteien hat auch die Politik der großen Parteien einen entscheidenden Einfluss auf die Lage der FDP. Die Erfolgsstra-

---

115 Vgl. Wolfrum, Edgar: Die 70er Jahre – Eine dynamische Gesellschaft, Darmstadt 2006, S. 97f; vgl. auch Lösche/Walter 1996, S. 69, S. 87f.

116 Sontheimer/Bleek, 2004, S. 195.

117 Beispielsweise 9,8% bei den Landtagsahlen in Baden-Württemberg 1968. Vgl. Leuschner, Udo: Die Geschichte der FDP, Münster 2005, S. 92.

118 Vgl. Baum/Juling, 1983, S. 62.

119 Vgl. Søe, Christian und Vorländer, Hans: Der Kampf um Überleben und Einfluß – Rolle und Funktion der FDP in der westdeutschen Politik, in: Vorländer, Hans (Hrsg.): Verfall oder Renaissance des Liberalismus?, München 1987, S. 173-190, hier S.175.

120 Schmollinger/Müller, 1980, S. 22, S. 30.

121 Vgl. Lösche/Walter, 1996, S. 72.

tegie der FDP hängt demnach immer auch damit zusammen, die eigene Position derjenigen großen Partei anzunähern, die gerade in der Wählergunst vorn liegt:

> *Obwohl die Liberalen als Partei selbst einen Teil des politischen Pluralismus unserer Gesellschaft ausmachen, geht der soziale Pluralismus an ihnen mehr oder weniger vorbei. Darum hängen die politischen Erfolge der F.D.P. mehr von den besonderen Verhältnissen und Spannungen zwischen den großen Parteien ab als vom eigenen Geschick und von ihrer Politik.*[122]

In den sechziger Jahren ist in der Bundesrepublik ein fundamentaler Wandel der allgemeinen politischen Stimmung zu beobachten (s. Punkt III.1). Die post-Godesberg-SPD beweist in der Großen Koalition erstmals ihre Regierungsfähigkeit und erfährt bei den Meinungsführern des jungen und intellektuellen linken Lagers Zuspruch.[123] Die Zeit scheint für die FDP daher aus rein pragmatischen Gründen reif, sich aus der bisherigen einseitigen Bindung an die Union zu lösen und den Sozialdemokraten zu nähern. Seit der inneren Reform der SPD von 1959 häufen sich zudem die Überschneidungen der SPD-Politik mit den Zielen der bürgerlichen Parteien. Auch dies ist ein Grund für die Öffnung der FDP gegenüber der Perspektive einer sozialliberalen Koalition.[124]

Die Koalitionsoptionen bestimmen demnach in nicht zu unterschätzendem Maß die politischen Inhalte der Freien Demokraten und beeinflussen damit auch ihre Aussicht auf Stimmengewinne.[125] Besonders deutlich wird dieser Umstand am fast vernichtenden Ergebnis der FDP bei der Bundestagswahl 1969: Im Wahlkampf lässt die Parteispitze die Frage des Koalitionspartners aus taktischen Gründen bis wenige Tage vor der Abstimmung offen: Bei einem eindeutigen Bekenntnis zur SPD befürchtet die FDP-Spitze zu hohe

---

[122] Sontheimer, 1975, S. 128.

[123] Vgl. Münkel, 2005, S 169; Walter, Franz: Die SPD. Biographie einer Partei, Berlin 2002, S. 172ff.

[124] Vgl. Dittberner, 1987, S. 113.

[125] Vgl. Schiller, Theo: Wird die F.D.P. eine Partei?, in: Narr, Wolf-Dieter (Hrsg.): Auf dem Weg zum Einparteienstaat, Opladen 1977, S. 122-148, hier S. 123.

Verluste in der traditionellen nationalliberalen Basis, die nicht ausreichend durch linksliberale Stimmengewinne ausgeglichen werden können.[126] Doch diese Strategie hat negative Folgen für die Liberalen: Ohne eine eindeutige, frühzeitige Koalitionsaussage geht der FDP der positive Effekt des Stimmensplitting verloren, der den Stimmenverlust bei der nationalliberalen Klientel hätte ausgleichen können. Denn die FDP erhält ihre Prozentpunkte nicht allein von ihren eigenen Anhängern, sondern zu einem wichtigen Teil auch aus dem Umfeld des avisierten Koalitionspartners: „Mit der ersten Stimme wird der Wahlkreiskandidat der mit der FDP verbündeten Hauptpartei unterstützt; die zweite Stimme soll dem Juniorpartner über die Fünf-Prozent-Hürde helfen.“[127] Mit diesem Stimmensplitting nutzen die Wahlberechtigten die Möglichkeit, nicht nur für eine favorisierte Partei, sondern für beide Partner einer potentiellen Koalition zu votieren und dabei in taktischem Kalkül den kleineren Partner zu sichern und zu stabilisieren.[128]

Die FDP profitiert also von dem großen Partner, dem sie am nächsten steht. Die Liberalen geraten damit in eine regelrechte Hassliebe:

> *Das hat zur Folge, daß die Liberalen sich politisch – zumal in einer Koalition – zugleich anlehnen und doch immer wieder abgrenzen müssen, so daß sie in ihrem politischen Handeln manchmal den Eindruck mangelnder Konsequenz und Entschiedenheit erwecken.*[129]

Kann die FDP sich keinen eigenen Standpunkt verschaffen, sondern nur als inhaltslose Mehrheitsbeschaffer-Partei für einen der großen Konkurrenten auftreten, drohen ihr die Bedeutungslosigkeit und damit der Untergang.[130] Tritt eine Koalition zu harmonisch und in ihren Ansichten konform auf, entsteht zudem automatisch eine Konkurrenz um dieselbe Wählerschaft.[131] Für die FDP würde dies nach dem Verlust der nationalliberalen Wählerschaft den drohen

---

126 Vgl. Lösche/Walter 1996, S. 77.

127 Dittberner 1987, S. 147; vgl. auch Søe/Vorländer, 1987, S. 183.

128 Vgl. Søe/Vorländer, 1987, S. 183.

129 Sontheimer, 1975, S. 128f.

130 Vgl. Kaack, 1974, S. 421; vgl. auch Dittberner, 1987, S. 146, S. 149.

131 Vgl. Schmollinger/Müller, 1980, S. 44.

den Schwund der mühsam erschlossenen neuen linksliberalen Basis bedeuten, die der vorherigen quantitativ nicht einmal entspricht.[132]

Diese Problematik zwingt die FDP zur Etablierung eines eigenständigen Profils. Dies ist jedoch für die Freidemokraten vor allem dann ein schwer zu realisierendes Anliegen, „wenn die Schatten der großen Konkurrenten die Konturen verdecken und verwischen".[133] Dies spürte die FDP während der Großen Koalition besonders deutlich: Zu dieser Zeit spielt sich die politische Debatte zwischen den Polen der Volksparteien ab, die FDP als einzige parlamentarische Opposition verfügt über gerade einmal 49 von 496 Sitzen. Gegengewicht bietet lediglich die APO.

Vor und in der Anfangszeit der sozial-liberalen Koalition wird jedoch der Ruf nach einem spezifisch liberalen Programm laut.[134] Die Parteiführung setzt eine Kommission ein – an ihrer Spitze: Werner Maihofer –, die 1971 die Freiburger Thesen veröffentlicht (s. Punkt III.3.2). Auch deren Entstehung ist von den Volksparteien nicht unbeeinflusst: Laut dem Politologen Karl Holl werden die theoretischen Grundsätze vor allem mit Blick auf SPD und CDU/CSU ausgearbeitet. Einerseits bewirke das Freiburger Programm eine Abgrenzung zu den Unionsparteien. Andererseits signalisiere es eine Annäherung an die Sozialdemokraten und deute die Möglichkeit einer Koalitionsbildung an, insbesondere für den linken Flügel der SPD, der die Liberalen „üblicherweise als die klassische Unternehmerpartei perhorresziert."[135] Die Freiburger Thesen sind demnach ein rein symbolischer Liebesschwur an die SPD.

Eine solche Grundsatzerklärung enthält für die Liberalen immer auch ein Risiko: Dittberner geht davon aus, dass ein eigenes programmatisches Profil für die FDP auf Dauer kaum nützlich ist. Denn er spricht den Liberalen im Parteinsystem vor allem zwei Aufgaben zu, beide funktionaler Natur:

---

132 Vgl. Dittberner, 1987, S. 42

133 Schiller, 1977, S. 123.

134 Vgl. Sänger, Hartmut: Werner Maihofer – der große Obskure, in: Bayern Kurier, 03.11.1973; vgl auch Sontheimer, 1975, S. S. 125; Lösche/Walter, 1996, S. 72.

135 Holl, Karl: Überlegungen zum deutschen Sozialliberalismus, in: ders./Trautmann, Günter/Vorländer, Hans: Sozialer Liberalismus, Göttingen 1986, S. 227-232, hier S. 229f.

> *Entweder sie hat eine allzugroße Machtakkumulation der mit ihr verbündeten Partei zu verhindern (‚Gegen die absolute Mehrheit'), oder aber mit ihren Stimmen wird ein Regierungswechsel von der einen zur anderen Hauptpartei ermöglicht. In beiden Fällen ist eine Wahlentscheidung für die FDP immer in Relation zu einer der beiden anderen Parteien zu sehen: Partei der zweiten Wahl.*[136]

Damit ist nicht nur die Beziehung der FDP zu ihrem Koalitionspartner ambivalent, sondern auch ihr Verhältnis zur eigenen Programmatik. Diese kann wie dargelegt nicht nur als eigenständige politische Aussage interpretiert werden, sondern bedeutet immer auch eine Bezugnahme zu den übrigen Parteien. Dementsprechend ist auch der Inhalt dieser Erklärungen als eher unverbindlich zu verstehen. Dieser Umstand hat einen großen Einfluss auf den Verlauf der Karriere von Werner Maihofer.

IV.3 Persönliches – Der liberale APO-Professor

IV.3.1 Vor-politisches Engagement und Image

Als Hochschulprofessor ist Maihofer ein prestigeträchtiger Zugewinn für die FDP. Ein Habilitierter in den eigenen Reihen schmückt das Image der Partei:

> *Nach außen soll die Attraktivität des Verbandes signalisiert werden: Wenn Professoren sich engagieren, dann muß die Partei schon in Ordnung sein! Die besondere Wirkung verspricht man sich einmal von einer weitverbreiteten ‚Wissenschaftsgläubigkeit', zum anderen vom Spitzenplatz der Professoren auf der Skala des Sozialprestiges.*[137]

---

136 Dittberner, 1987, S. 146.

137 Ziegler, Gerhard: FDP-Professoren: Aufgestiegen wie ein Pulk Kometen, in: Welt der Arbeit, 15.06.1978.

Hinzu kommt: Maihofer ist nicht irgendein Professor. Durch seine Vergangenheit erscheint er der FDP als ideales Bindeglied zur Studentenszene und zur APO-Bewegung, die für die etablierten Parteien an sich schwer zugänglich sind. Im folgenden Abschnitt wird der vor-politische Werdegang Maihofers im Detail beschrieben, anhand dessen sein Image und seine Symbolfunktion erkennbar werden.

A Der Jurist

Vor seinem politischen Engagement macht Maihofer zunächst als Jurist von sich reden. Sein Standpunkt als Strafrechtler ist seit jeher ausgesprochen liberal. Er spricht sich gegen jeglichen Ansatz eines Polizeistaates, gegen das Vergeltungsstrafrecht und stets für die Stärkung der Rechte des Einzelnen gegenüber dem Staat aus. Hans-Ludwig Schreiber erkennt in Maihofers Rechtsauffassung ein Plädoyer für eine Einschränkung des Strafrechts auf die Leben und Freiheit sichernden Maßnahmen. Er sieht in Maihofer nie einen Befürworter des Vergeltungsstrafrechts, eines Strafrechts, das unbedingte Gerechtigkeit in der Welt herstellen soll. Vielmehr begreife dieser das Strafrecht als begrenztes Mittel zur Sicherung des sozialen Friedens.[138]

Dieses Denken ist Grundlage für sein Image und seine politischen Anliegen. Ähnlich spiegelt auch seine Auslegung der Rechtsphilosophie Maihofers allgemeine Wertvorstellungen wider. Er stellt jegliche vorgegebene Ordnung in Frage, kritisiert und hinterfragt auch eigene Lehrer und Vorbilder wie Erik Wolf oder Martin Heidegger. Er bringt sogar den einflussreichen Heidegger im persönlichen Gespräch soweit, ihn – Maihofer, den zwanzig Jahre Jüngeren, gerade erst Habilitierten – in seinem kritischen Denken gegenüber Heidegger selbst zu bestärken.[139] Auch inhaltlich bilden die abstrakten philosophischen Gedanken eine Parallele zu Maihofers Lebensphilosophie: Die Wirklichkeit müsse gestaltet und vom Menschen bestimmt werden.[140]

---

138 Vgl. Hans-Ludwig Schreiber im Gespräch mit der Autorin am 25.03.2008.

139 Vgl. Maihofer, 2010, S. 395.

140 Vgl. Hans-Ludwig Schreiber im Gespräch mit der Autorin am 25.03.2008.

B Der außerparlamentarische Oppositionelle

Als wichtigste vor-politische Meilensteine auf seinem Weg in die FDP nennt Werner Maihofer selbst zwei Ereignisse: Sein Engagement während der so genannten SPIEGEL-Affäre einerseits und seinen massiven Protest gegen die Einführung der Notstandsgesetze andererseits. Zu beiden Kontroversen verfasst Maihofer ausgefeilte Abhandlungen, mit denen er seinen Standpunkt deutlich macht und anhand derer er versucht, die Verantwortlichen zur Räson zu bringen. Damit macht er sich selbst zum Teil der außerparlamentarisch agierenden Opposition.

Im Oktober 1962 erscheint im SPIEGEL ein Artikel, der das Verteidigungskonzept des damals zuständigen Ministers Franz-Josef Strauß kritisiert.[141] Er enthält Details über das militärische Abwehrprogramm der Bundesrepublik. Daraufhin werden die Redaktionsräume des Nachrichtenmagazins von der Polizei besetzt und durchsucht, mehrere Journalisten – unter ihnen Herausgeber Rudolf Augstein – werden wegen Landesverrats verhaftet. Für Werner Maihofer ein unhaltbares Vorgehen. Er veröffentlicht in der FAZ eine eindeutige Stellungnahme und verurteilt die Operation juristisch fundiert und mit deutlichen Worten:

> *Die auf dieser vermeintlichen Rechtsgrundlage betriebenen Verfahren wegen Landesverrats sind sämtlich ungesetzlich, weil verfassungswidrig; die erlassenen Haftbefehle, soweit sie auf den Verdacht des Landesverrats gestützt wurden, sind mangels dringenden Verdachts einer bei verfassungsgemäßer Anwendung unserer Strafgesetze strafbaren Handlung unhaltbar.*
>
> *Dies bedeutet politisch: Ende mit dem ‚Unfug der Landesverratsprozesse' gegen die Presse [...]. Damit würden wir endlich auch bei uns zu einem Rechtszustand zurückfinden, der in wahrhaft freiheitlichen Demokratien eine Selbstverständlichkeit ist.*[142]

141 Vgl. Ahlers, Conrad: Bedingt abwehrbereit, in: Der Spiegel, 10.10.1962.

142 Maihofer, Werner: Schluß mit den Landesverratsverfahren gegen die Presse, in: Frankfurter Allgemeine Zeitung, 07.12.1962.

Anschaulich zeigt sich an diesem Beispiel, wie involviert Maihofer in das politische Geschehen ist, in welchem Maße Politik und Recht für ihn verquickt sind.

Zwischen 1958 und 1963 werden von Seiten der Großen Koalition verschiedene Konzepte für eine Notstandgesetzgebung entworfen. Die Pläne sehen vor, dem Staat in Krisenfällen wie einer Naturkatastrophe, einem Volksaufstand oder Krieg eine erweiterte Handlungsmacht einzuräumen – und im gleichen Zug die Möglichkeit, Grundrechte wie etwa das Postgeheimnis einzuschränken. Liberaldenkende wie Werner Maihofer, der immer wieder den Vorrang individueller Rechte gegenüber der Staatsmacht betont, reagieren alarmiert. Am 30. Mai 1965 treffen die Gegner der Notstandsentwürfe zu einem Kongress zusammen, unter ihnen prominente Politikwissenschaftler wie Jürgen Seifert und Karl Dietrich Bracher – und der Strafrechtsprofessor Werner Maihofer. Der hält als Einleitungsreferat einen massiven Vortrag gegen das Vorhaben. Scharf kritisiert er darin nicht nur die Pläne, sondern auch die verantwortlichen Politiker:

> *Ist es nicht an der Zeit, einmal die grundsätzliche Frage zu stellen: Wer gibt dieser derzeit an der politischen Macht befindlichen Übergangsgeneration eigentlich das Recht, die freiheitliche Verfassung der Generationen von morgen in ihrem Grundbestand zu unterhöhlen?*[143]

Ohnehin ist es die junge Generation, in der er die wahren Stützen der Demokratie erkennt. Das erwachte politische Engagement der Jugend begrüßt er ausdrücklich. Anerkennung gibt es von seiner Seite auch für das diskursive Eingreifen der parlamentarischen Opposition – der FDP.

C Der Alternativprofessor

1962 wird von Seiten der Regierung ein Entwurf für ein neues Strafgesetzbuch vorgelegt. Darin wird eine konservative Vorstellung von Schuld und Strafe

---

[143] Maihofer, Werner: Die Demokratie vor dem Notstand, in: Sozialistischer Deutscher Studentenbund (Hrsg.): Demokratie vor dem Notstand. Protokoll des Bonner Kongresses gegen die Notstandsgesetze am 30. Mai 1965, Frankfurt am Main 1965, S. 7-18, hier S. 9.

vertreten. Ausdrücklich bekennt man sich hierin zu einem Vergeltungsstrafrecht. Für Maihofer ist das Papier voll von illiberalen Relikten und „pauschalen Antworten weltanschaulicher Herkunft", wobei es tatsächlich „moralische und juristische Differenzierung"[144] bedürfe. Die Vorschläge sind für ihn schlichtweg unannehmbar und unverantwortlich.

Maihofer kritisiert vor allem das Menschenbild, das dem Reformentwurf zugrunde liege: Das sittliche Verhalten eines Menschen sei demnach nur von dessen natürlicher Anlage abhängig, was bedeute, dass der Mensch als isoliertes Individuum wahrgenommen werde. Dem gesellschaftlichen Umfeld hingegen werde keine Bedeutung beigemessen. Maihofer zieht namhafte Philosophen wie Hegel, Feuerbach, Nietzsche, Marx, Sartre und Heidegger heran, um dieses Bild zu widerlegen: Der Mensch „als das ‚Ensemble der gesellschaftlichen Verhältnisse' (Marx), als die ‚Summe der Beziehungen, in denen er lebt' (Sartre)".[145] Darauf aufbauend fordert Maihofer die Festsetzung einer Strafe nicht anhand des persönlichen Gewissens eines Täters, sondern auf Grund einer Analyse seiner Möglichkeit der Abwägung zwischen Gut und Böse, Richtig und Falsch nach seinem jeweiligen Lebensweg. Außerdem schließt sich für Maihofer an die Erkenntnis des Menschen als Gesellschaftswesen die Forderung nach einer Infragestellung des gängigen Strafvollzugs an. Statt Einzelhaft (also der Vorenthaltung jeglichen gesellschaftlichen Lebens) oder Gemeinschaftshaft (also der Etablierung einer Parallelgesellschaft) fordert er die Resozialisierung von Straftätern, also die Rückführung in die Gesellschaft. Einen Freiheitsentzug hält er nur dann für sinnvoll, wenn eine solche Resozialisierung auf keinem anderen Weg möglich ist.[146]

Maihofer spricht sich damit dafür aus, das bestehende Strafrecht in eine vollkommen andere Richtung zu verändern, als der vorliegende Entwurf der Bundesregierung es vorsieht. Doch er steht mit seiner Kritik nicht allein da, findet prominente Unterstützer unter seinen Wissenschaftlerkollegen. Gemeinsam mit dem Juristen Peter Noll fasst er den Entschluss, selbst einen alternativen Entwurf zur Strafrechtsreform auszuarbeiten. Sie scharen eine Gruppe

144 Maihofer, 2010, S. 399.

145 Maihofer, 1964, S. 8.

146 Vgl. Maihofer, 1964, S. 15ff.

Gleichgesinnter um sich, die so genannten Alternativprofessoren, und entwerfen an zahlreichen Wochenenden einen Gesetzesentwurf in der Art, wie er üblicherweise im Bundestag vorgelegt wird.[147] Eng arbeiten die Wissenschaftler dabei auch mit Vertretern von CDU, SPD und FDP zusammen. Bei den Sitzungen ist Maihofer ständiger Motor mit immer neuen Ideen und ungewöhnlichen Sichtweisen.[148]

Die Alternativprofessoren haben mit ihrem Entwurf Erfolg: Ihre Anregungen führen letztlich dazu, dass der Bundestag einen noch heute geltenden Allgemeinen Teil des Strafrechts verabschiedet. Es ist eine kleine Sensation, dass dieser Anstoß seitens der Forschung gelingt und dass die Wissenschaftler tatsächlich in das politische Geschehen eingreifen können. Ein Verdienst nicht zuletzt von Werner Maihofer. Für ihn ist es eine „Erfahrung erfolgreicher Zusammenarbeit von Wissenschaft und Politik, die über den Tag hinaus Gültigkeit hat."[149]

D Der Hochschulrektor

Maihofer ist einer der wenigen Hochschulleiter, die positive Schlagzeilen im Umgang mit den demonstrierenden Studenten machen. 1968 erklärt er sich bei einer Tagung der Evangelischen Akademie Bad Boll zu einer Podiumsdiskussion mit dem Studentenführer Rudi Dutscke bereit. Auch in Saarbrücken geht Maihofer auf die Studenten zu: Er bringt ihnen Sympathie und Verständnis entgegen, unterstützt ihr Drängen auf Demokratisierung weitestgehend – jedoch nur, solange es ihm sinnvoll erscheint. Viele der Forderungen sind ohnehin schon in der von ihm erarbeiteten Saarbrücker Universitätsverfassung enthalten. Maihofer ist Verfechter einer vernünftigen Art der Liberalisierung. Bei Stichworten wie beispielsweise Drittelparität endet sein Unterstützungswille. Noch weniger toleriert er die symbolische Zerstörungswut einiger

---

147 Vgl. Baumann, Jürgen/Brauneck, Anne-Eva/Hanack, Ernst-Walter/ Kaufmann, Arthur/ Klug, Ulrich/Lampe, Ernst-Joachim/Lenckner, Theodor/Maihofer, Werner/Noll, Peter/Roxin, Claus/Schmitt, Rudolf/Schultz, Hans/Stratenwerth, Günther und Stree, Walter: Alternativ-Entwurf eines Strafgesetzbuches, Tübingen 1966.

148 Vgl. Hans-Ludwig Schreiber im Gespräch mit der Autorin am 25.03.2008.

149 Maihofer, 2010, S. 400.

Universitätsbesetzer. Um dem Vandalismus Einhalt zu gebieten, stellt der Mann von Statur sich sogar persönlich vor die Studenten und versperrt ihnen den Weg. Als Rektor fühlt er sich seiner Universität gegenüber ganz einfach in der Verantwortung.[150]

Diese Reaktion zeigt: Maihofer hat Verständnis für das Anliegen der Studenten, doch setzt er ihnen Grenzen. Statt aber in der direkten Auseinandersetzung die Polizei zu rufen, vertraut Maihofer auf seine eigene Autorität und die Vernunft der Aktivisten. Er tritt ihnen entgegen und rät ihnen: „Engagiert euch in den Parteien!"[151] Wenig später macht er es ihnen vor und tritt in die FDP ein – möglicherweise eine Entscheidung mit Vorbildfunktion.

Durch die wiederholte Nutzung seiner Möglichkeiten der Einflussnahme zeigt Maihofer zivilgesellschaftliches, demokratisches Engagement. Er beweist der Gesellschaft und den politischen Akteuren seine liberale Einstellung und profiliert sich somit im öffentlichen Bild eindrücklich als tatkräftiger Reformer. Damit passt er ideal in das durch Zeitgeist und Parteiausrichtung geforderte Passepartout für einen erfolgreichen Politiker.

Die Positionierung Maihofers in der eigenen Partei bedeutet für die FDP in dieser Transitionsphase eine einfache Möglichkeit, den neuen Kurs personell zu vertreten. Das Image dieses neuen Parteimitglieds muss nicht erst mühselig und langsam aufgebaut werden Maihofer gilt durch seine durch die Medien veröffentlichte Einstellung nicht als Pseudo-Linker oder Wendehals in der FDP. Er kann vielmehr öffentlich dafür bürgen, dass sich die FDP tatsächlich gewandelt hat und nun für Maihofer und Gleichgesinnte die angemessene parlamentarische Vertretung bietet. Für bekannte Persönlichkeiten wie ihn besteht damit ein ideales Gelegenheitsfenster, um in der FDP aufzusteigen, da sie die Liberalen in studentischen und linksliberalen Kreisen attraktiv machen.

---

150 Vgl. Werner Maihofer im Gespräch mit der Autorin am 10.03.2008.

151 Palmer, Hartmut: Er will Experten um sich sehen, in: Kölner Stadt-Anzeiger, 28.12.1972.

IV.3.2 Das Moment des Seiteneinstiegs

A Die Stunde Null der FDP und Werner Maihofer

Wie oben hergeleitet, gilt das Jahr 1969 als Stunde Null für die FDP. Bezeichnenderweise tritt Werner Maihofer just in diesem Jahr des Neuanfangs der Partei bei. Es ist der neue Parteivorsitzende persönlich, der den Rechtsgelehrten zum Dreikönigstreffen in die FDP holt.[152] Dass gerade in der Krisenzeit Seiteneinsteiger wie Maihofer auftauchen, ist einerseits auffällig – andererseits aber auch charakteristisch für das Phänomen. Transitionsphasen gelten als besonders fruchtbarer Boden für *cross-over*-Karrieren: Ein Seiteneinstieg gelingt vor allem dann, „[w]enn sich die Gesellschaft aufgrund einer historischen Zäsur gerade im Umbruch befindet, alte Eliten aufgrund moralischer Diskreditierung ausgewechselt und neue Systemstabilität hergestellt werden müssen."[153]

Auch Ende der 1960er geschieht dies in der FDP nicht ohne Grund: Die Partei erhofft sich einerseits durch das Gewinnen verschiedener Quereinsteiger einen „Zuwachs an Seriosität".[154] Die FDP braucht darüber hinaus zu dringend Köpfe, die den neuen sozialliberalen Kurs glaubwürdig repräsentieren. Zwar wird mit dem *neuen* Mittelstand eine grundlegend neue Wählerschicht erreicht. Innerhalb der Partei aber vollzieht sich keineswegs ein radikaler Wandel: Fraktion und weite Teile der Funktionäre – bestes Beispiel sind die Landesverbände – werden weiterhin von alteingesessenen Nationalliberalen beherrscht.[155] Dies bedeutet für Scheel, dass zumindest eine offensichtliche Umstrukturierung des Bundesvorstands in Richtung Sozialliberalismus notwendig ist, um im öffentlichen Bild den neuen Kurs der FDP zu verfesti-

---

152 Vgl. Diederichs, Werner: Freiburger FDP-Thesen tragen auch Maihofers Handschrift, in: Die Welt, 13.12.1972; vgl. auch Sänger, Hartmut: Werner Maihofer – der große Obskure, in: Bayern Kurier, 03.11.1973.

153 Lorenz/Micus, 2009, S. 8.

154 Bernstorf, Martin: Maihofers Notstand, in: Deutsche Zeitung, 04.03.1977.

155 Vgl. Kaack, 1976, S. 41; vgl. auch Vorländer, Hans: Der soziale Liberalismus der F.D.P. Verlauf, Profil und Scheitern eines soziopolitischen Modernisierungsprozesses, in: Holl, Karl/Trautmann, Günter/Vorländer, Hans (Hrsg.): Sozialer Liberalismus, Göttingen 1986, S. 190- 226, hier S. 207.

gen. Mit Erich Mende entledigt man sich der nationalliberalen Führungsspitze. Scheel selbst gibt in seiner Antrittsrede als Parteivorsitzender den liberalen Reformer.[156] Gefragt sind nun weitere Persönlichkeiten mit linksliberalem Profil, die sich der FDP an die Spitze stellen und ihre Namen als sozialliberale Bürgschaft zur Verfügung stellen. Scheel schart also attraktive Seiteneinsteiger aus den verschiedensten Bereichen um sich.[157] Besonders gern gesehen sind Honoratioren mit Ansehen und sozialem Prestige. Kaum eine Berufsgruppe steht auf dieser Skala so weit oben wie Hochschullehrer.[158] So wird um 1969 bei den Liberalen auch spöttisch von der „Zeit der Professorendämmerung"[159] gesprochen. In diesem Zug wird auch Maihofer in die FDP geholt. Denn er hat in den vorangegangenen Jahren bereits ein Image erlangt, das der Scheel-FDP nun gerade recht kommt.

B Die Rekrutierung

Die FDP zieht wie bereits beschrieben einen Nutzen aus Seiteneinsteigern wie Werner Maihofer. Wie aber profitiert dieser selbst von seinem politischen Engagement? Was bewegt ihn zum Schritt in die Berufspolitik? Und wieso ist ausgerechnet die krisengeschüttelte FDP Partei seiner Wahl? Die Antwort auf diese Fragen ist vielschichtig. Sie ergibt sich teilweise aus den persönlichen Äußerungen Maihofers. Diese sind allerdings mit einer gewissen kritischen Distanz zu behandeln, da derlei Aussagen immer auch auf öffentliche Wirkung abzielen können. Moralisch hoch stehende Argumente werden sich sicher eher in den eigenen Aussagen finden lassen, als möglicherweise ebenso relevante pragmatische, finanzielle oder egoistische Motive. So beschreibt Maihofer seinen Ansporn folgendermaßen: „'Wenn irgendwo eine neue Epoche praktischer Auseinandersetzung mit der Industriegesellschaft möglich ist, dann hier.'"[160] Mithilfe der Ergebnisse der vorangegangenen Analyse der Gesamtsi-

---

[156] Vgl. Juling, 1980, S. 264.

[157] Neben Maihofer stoßen zu dieser Zeit beispielsweise auch Soziologe Ralf Dahrendorf und Journalist Rudolf Augstein zur FDP.

[158] Vgl. Ziegler, Gerhard: FDP-Professoren: Aufgestiegen wie ein Pulk Kometen, in: Welt der Arbeit, 15.06.1978.

[159] Bernstorf, Martin: Maihofers Notstand, in: Deutsche Zeitung, 04.03.1977.

[160] Sänger, Hartmut: Werner Maihofer – der große Obskure, in: Bayern Kurier, 03.11.1973.

tuation der FDP sollen nun weitere Motive für Maihofers Weg in die FDP ermittelt werden.

Der erste Mann der FDP, Walter Scheel, persönlich wirbt Maihofer für die Partei. Er hört einen Vortrag des Professors auf dem Eisenhüttentag in Düsseldorf. Dieser spricht dort vor einem Auditorium von circa 2000 bis 3000 Gewerkschaftlern und Unternehmern über die *Revolte der Jugend* in Ost und West.[161] Er zitiert Marx und Brecht, redet über die Enttäuschung der Jugendlichen von Berkeley bis Peking, über die Trägheit, Ungerechtigkeit und Unfreiheit der Welt der Erwachsenen. Die Gesellschaft befinde sich in einer Zeit des Umbruchs und die Jugend sei anzusehen als Hoffnungsträger für eine Demokratisierung der Gesellschaft im Sinne des freiheitlichen Rechtsstaates und Sozialstaates.[162] Die ältere Generation müsse die politischen Ziele der Jüngeren ernster nehmen. Explizit nennt er dabei die SPD und die FDP als parlamentarisches Auffangbecken für derartiges Denken.[163] Auch fordert er eine liberalere und zugleich sozialere Demokratie über den Weg tief greifender Reformen.[164] Unter den Zuhörern ist Walter Scheel, bei dem Maihofers Vortrag auf offene Ohren stößt. Nach dem Vortrag geht der Vorsitzende der Liberalen auf den Professor zu, beglückwünscht ihn zu der Rede und lädt ihn zum nächsten Dreikönigstreffen in Stuttgart ein. Maihofer folgt der Einladung und tritt konsequent noch während des Treffens der FDP bei.[165]

Der Schritt in die aktive Politik wird Maihofer erleichtert durch seine vorpolitische Einflussnahme als Hochschullehrer und als Jurist, die deutliche zeigt, dass er auch vor seinem Parteieintritt keineswegs unpolitisch ist. Bemerkenswert hieran: Sowohl bei der Hochschul- als auch bei der Strafrechtsreform übernimmt die FDP weite Teile seiner Vorschläge.[166] Auch als

---

161 Maihofer, Werner: Die Revolte der Jugend – für die Evolution der Gesellschaft in Ost und West, in: Szczesny, Gerhard (Hrsg.): Club Voltaire IV. Jahrbuch für kritische Aufklärung, Rowohlt 1970, S. 94-111.

162 Maihofer, 1970, S. 107.

163 Vgl. ebd., S. 103.

164 Vgl. ebd., S. 105ff.

165 Vgl. Werner Maihofer im Gespräch mit der Autorin am 10.03.2008.

166 Vgl. Palmer, Hartmut: Er will Experten um sich sehen, in: Kölner Stadt-Anzeiger, 28.12.1972; vgl. auch Lösche/Walter 1996, S. 88.

Vizepräsident der WRK arbeitet er eng mit den Liberalen zusammen.[167] Dies stellt sich als wegweisend heraus. „Diese Erfahrungen mit so fruchtbarer Zusammenarbeit von Wissenschaft und Politik wurden zum Schlüsselerlebnis. Sie wurden am Ende zum Anstoß – Maihofer wörtlich –, sich mit dieser reformerischen Kraft der FDP auch politisch zu verbinden."[168]

Hinzu kommt die Aufbruchsstimmung in der Partei. Führungswechsel und Neuorientierung bestimmen das Bild der Liberalen, eine gewisse Formbarkeit der Partei deutet sich an. Maihofer erkennt hier eine ähnliche Lage wie schon Anfang der 1950er an der Universität in Saarbrücken: den Bedarf an Konstruktivität und neuen Gedanken. Er sieht in der FDP die Möglichkeit, „der Epoche seinen Stempel aufzudrücken und der Partei seiner Wahl beim ‚Durchbruch' zum liberalen Sozialismus"[169] behilflich zu sein.

Maihofer zieht es zudem in die FDP, da er eine Mitgliedschaft bei den beiden großen Parteien für sich aus ideologischen Gründen ausschließt. Einer Partei, die weltanschaulich fest dem Sozialismus oder dem Katholizismus verschrieben ist, will Maihofer sich nicht anschließen. Hier zeigt sich eine ideologiekritische Einstellung, die häufig bei Menschen stark ausgeprägt ist, die die nationalsozialistische Diktatur in Deutschland erlebt haben.[170] Zwar sieht er durchaus reformerisches Potential bei den Sozialdemokraten; um sich jedoch vollends hinter die Partei zu stellen, ist sie dem liberalen Geist zu etatistisch. Die konservativen Standpunkte der CDU/CSU hingegen vereinen all das, gegen das er sich in den vorangegangen Jahren so vehement aufgelehnt hat. SPD und CDU scheiden damit für Maihofer von vornherein aus. Daher wird für ihn aus programmatischer Sicht die FDP die Partei seiner Wahl.

Auch machtpolitisch bietet die FDP einen besonderen Vorteil für Maihofer: Sie ist diejenige etablierte Partei, in der eine schnelle Karriere für einen Quereinsteiger wie ihn am ehesten möglich erscheint:

> *die geringe Mitgliederdichte [bewirkt] zusammen mit der starken Föderalisierung und geringen Bürokratisierung der Partei-*

167 Vgl. Goos, Diethart: Werner Maihofer – Minister ohne Fortune, in: Die Welt, 07.06.1978.

168 Henkels, Walter: Professor mit politischem Schlüsselerlebnis, in: Frankfurter Allgemeine, 29.12.1972.

169 Sänger, Hartmut: Werner Maihofer – der große Obskure, in: Bayern Kurier, 03.11.1973.

170 Vgl. Schwarz, 1985, S. 16.

organisation [...] eine relativ große personelle und politische Flexibilität der Partei. Typische ‚Blitzkarrieren' (Werner Maihofer, Ralf Dahrendorf) sind so nur in der FDP denkbar.[171]

Gerade in der Zeit des Umbruchs bei den Liberalen wird deutlich, dass die Partei offen ist für den schnellen Aufstieg eines viel versprechenden Protagonisten ihrer sozialliberalen Politik. Lösche und Walter erkennen in Maihofers raschem Aufstieg das typische Karrieremuster der bürgerlichen Honoratiorenpartei.[172] Hätte Maihofer sich für eine der Volksparteien entschieden, wäre ihm allein aus strukturellen Gründen sicher kein „kometenhafter"[173] Start gelungen.

Dieser Faktor erleichtert Maihofers politischen Ein- und Aufstieg erheblich. Allerdings trägt er zugleich ein ebenso großes Risiko in sich: Denn so leicht ein Aspirant wie Maihofer bei den Liberalen an die Spitze kommen kann, so schnell kann dieser von der Partei auch wieder fallen gelassen werden.[174] Diese Erkenntnis lässt den weiteren Karriereverlauf von Werner Maihofer bereits vorausahnen (s. Punkt VI).

IV.3.3 Werner Maihofer als Berufspolitiker

A Die Protektoren und die Hausmacht

Scheel achtet nach Maihofer Parteieintritt stets darauf– nicht zuletzt auf Außenwirkung bedacht –, in engem Kontakt zu seinem neuen Star zu bleiben. So wird Maihofer bei Konferenzen und Sitzungen räumlich stets in direkter Nähe zu Scheel platziert.[175] Das Verhältnis zwischen den beiden ist zu jeder

---

171 Dittberner, 1987, S. 195; vgl. auch Baring, Arnulf: Die Ära Brandt – Scheel, Stuttgart 1982, S. 98.

172 Vgl. Lösche/Walter, 1996, S. 88.

173 Kailitz, Steffen: Werner Maihofer, in: Kempf, Udo und Merz, Hans-Georg (Hrsg.): Kanzler und Minister 1949 – 1998, Wiesbaden 2001, S. 462-465, hier S. 462.

174 Vgl. Ziegler, Gerhard: FDP-Professoren: Aufgestiegen wie ein Pulk Kometen, in: Welt der Arbeit, 15.06.1978; vgl. auch Baring, 1982, S. 98.

175 Vgl. Krumm, Karl-Heinz: Neben dem Chef sitzt der Chefdenker, in: Frankfurter Rundschau, 21.12.1972.

Zeit herzlich und offen.[176] Die enge Zusammenarbeit des Parteiführers und seines Chefdenkers wird so öffentlichkeitswirksam dokumentiert und visuell verfestigt.

Auch in der Zusammenarbeit mit Regierungspartner Brandt dient Maihofer als ständige Verstärkung. Besprechungen finden unter dauernder Präsenz der beiden Berater statt: Werner Maihofer auf liberaler und Egon Bahr auf sozialdemokratischer Seite. Dies räumt Maihofer innerhalb der Regierung einen enorm hohen Stellenwert ein, höher als man es von einem Sonderminister vermuten würde. Der Kanzler und sein Vize legen Wert auf Maihofers Anwesenheit, schätzen an ihrem neuen Minister vor allem die Kunst des Vermittelns und die Fähigkeit zum Kompromiss.[177] Er selbst findet sich in seiner gewohnten Arbeitsweise wieder, das Planen „im kleinen Kreis mit kollegialer Atmosphäre“ [178] ist für ihn die ideale Praktik.

Allgemein fügt sich Maihofer mit seinen Konzepten für Reformen und Neuerungen gut ins Kabinett Brandt ein. Der Kanzler zeichnet sich durch einen charismatischen Führungsstil aus. Auch der Sonderminister steht in einem Verhältnis persönlicher Hingabe zu seinem Regierungschef. Maihofer teilt Brandts Willen zu Aufbruch und Veränderung sowie sein visionäres Politikverständnis. Auch sie verbindet – ähnlich wie Maihofer und Scheel – ein freundschaftliches, herzliches und vertrauensvolles Verhältnis. Hinter den Kulissen bindet Brandt seinen Sonderminister in Zukunftskonzepte ein, die eine umfassende Tragweite besitzen. In engsten Beratungszirkeln soll mit Maihofers Hilfe ein Zukunftskonzept für das sozial-liberale Bündnis entwickelt werden, das über die Dimension der Parteien hinausgeht. Es existiert also eine Vision der Zusammenarbeit jenseits von SPD und FDP.[179]

Das besondere Verhältnis zu Walter Scheel, aber vor allem das zu Willy Brandt führt zu dem Eindruck, dass Rückhalt für Werner Maihofer vor allem im Kabinett und weniger innerhalb seiner Partei zu finden ist. Parteiintern

---

[176] Vgl. Werner Maihofer im Gespräch mit der Autorin am 10.03.2008.

[177] Vgl. Krumm, Karl-Heinz: Neben dem Chef sitzt der Chefdenker, in: Frankfurter Rundschau, 21.12.1972.

[178] Krumm, Karl-Heinz: Ein liberaler Denker im Kabinett der Macher, in: Frankfurter Rundschau, 05.08.1974.

[179] Vgl. Werner Maihofer im Gespräch mit der Autorin am 10.03.2008.

findet Maihofer einen weiteren Unterstützer im ersten Generalsekretär der FDP, Karl-Hermann Flach, den er noch aus dessen Tagen als Journalist kennt. Flach ist für seine linke Einstellung bekannt und gilt wie Maihofer als liberales Herzstück der Koalition. Er stellt sich öffentlich hinter Maihofers Vorschläge und Konzepte – beispielsweise im Fall der Freiburger Thesen (s. Punkt III.3.2) –, auch dort, wo die Parteispitze ihm die Unterstützung versagt.[180]

Für einen Seiteneinsteiger wie Maihofer ist ein derartiger Schutz durch die Granden in Partei und Regierung enorm wichtig, denn „[d]er politische Mentor ist im Moment des Seiteneinstiegs für den jeweiligen Neupolitiker die zentrale Figur schlechthin."[181] Er selbst kann nicht auf Mehrheiten in der Parteibasis und starke Netzwerke vertrauen, sondern verdankt seine starke Stellung allein den helfenden Händen von ganz oben. Sein Erfolg ist damit gekoppelt zum einen an das Wohlwollen, zum anderen aber auch schlicht an die eigenen Machtressourcen seiner Protektoren.

Bemerkenswert ist allerdings, dass es Maihofer trotz seines Seiteneinsteiger-Status durchaus gelingt, sich eine kleine Hausmacht in der FDP zu verschaffen: Er gilt von Beginn an als Kopf der Linksliberalen und der jungen Parteimitglieder.[182] Seine Anhängerschaft ist zwar in der FDP nicht mehrheitsbildend, dennoch wird sie beschrieben als „stark und vor allem sehr engagiert. Hinter Maihofer standen überzeugte Sozial-liberale und nicht nur eine zusammengewürfelte Koalition unterschiedlicher Interessenvertreter. Wenige Politiker stehen auf so solidem Fundament."[183] Diese Basis verschafft Maihofer eine gestärkte Stellung in der FDP. Denn sobald es darum geht, dem linken Flügel in Personalfragen gerecht zu werden, wird er als dessen Sprecher hofiert. Jedoch bewegt sich ein jeder Politiker innerhalb dieses Spektrums auf dünnem Eis: Maihofers Anhängerschaft ist ideologisch enorm aufgeladen. Pragmatiker vom Profil eines Hans-Dietrich Genscher finden sich unter ihnen

---

180 Vgl. Diederichs, Werner: Freiburger FDP-Thesen tragen auch Maihofers Handschrift, in: Die Welt, 13.12.1972.

181 Lorenz/Micus, 2009, S. 11.

182 Vgl Sobczyk, Peter: Werner Maihofer, in: Bernecker, Walther L./Dotterweich, Volker (Hrsg.): Persönlichkeit und Politik in der Bundesrepublik Deutschland, Band 2, Göttingen 1982, S.72-79, hier S.75f.

183 Löffelholz, Thomas: Seit Traubes Wanze wackelt Maihofers Stuhl, in: Stuttgarter Zeitung, 05.06.1978.

nicht. Daher ist diese Gruppierung extrem unempfänglich für machtpolitische Schachzüge und lässt wenig Spielraum in moralischen und inhaltlichen Fragen. Es bedarf großer ideologischer Stringenz und absoluter politischer Übereinstimmung, um diese Basis zu halten. Dies führt zu Problemen, je höher Maihofer in der Ämterhierarchie aufsteigt und je mehr er dadurch zu Kompromissen und Abweichungen von der sozialliberalen Linie gezwungen ist.

B Das Symbol des Sozialliberalismus

Eine der zentralen Erkenntnisse dieser Analyse ist, dass der Kern seines anfänglichen Erfolges im symbolischen Nutzen Werner Maihofers für die FDP liegt. Sein Profil entspricht in idealer Weise den Erfordernissen, die Zeitgeist und Parteiausrichtung an einen FDP-Politiker stellen. Die Reduzierung auf diese allegorische Funktion ist es, die maßgeblich für den Verlauf seiner Karriere verantwortlich ist.

Der sinnbildliche Wert des Seiteneinsteigers lässt sich deutlich an zeitgenössischen Zeitungsberichten erkennen. So bezeichnet Rudolf Augstein 1978 die Wandlung der FDP in den späten sechziger Jahren als den Wandel von der Mende- zur Maihofer-FDP, nicht etwa zur Scheel-FDP. „Damals halfen die Reformer, allen voran Werner Maihofer; der Partei aus ihrem Tief, lieferten nachträglich Plattform und Perspektiven für den bereits vollzogenen Regierungswechsel frei Haus.“[184] Artikel dieser Art zeigen sehr deutlich, dass es ausschließlich die symbolhafte Wirkung Maihofers ist, die für die FDP zählt. Einen Beitrag zur praktischen Politik erhofft man sich von seiner Seite weniger.

> *Der liebenswerte Außenseiter ohne Hausmacht sollte das sozialliberale Kabinett, das mit einem Reformprogramm bisher unbekannten Ausmaßes höchste Erwartungen hervorrief, als hochkarätiger Edelstein schmücken. An mehr war nicht gedacht.*[185]

[184] Augstein, Rudolf: Jetzt muß Genscher ran, in: Der Spiegel, 12.06.1978.

[185] Ziegler, Gerhard: FDP-Professoren: Aufgestiegen wie ein Pulk Kometen, in: Welt der Arbeit, 15.06.1978.

Stattdessen ist Maihofer das sichtbare Bindeglied des rot-gelben Bündnisses von liberaler Seite. Wichtig dabei ist: Seine Positionierung zielt hauptsächlich auf Außenwirkung ab. Dem Wählervolk soll der Kurswe#chsel anhand von Figuren wie Maihofer plastisch verdeutlicht werden. Parteiintern ist seine Funktion weitaus weniger relevant. Die eigentlichen Zügel halten Scheel und Genscher in den Händen, der liberale Mittelbau ist nach wie vor nationalliberal geprägt. Für das öffentliche Image der Partei ist Maihofer jedoch ein Juwel. Dementsprechend wird seine Bedeutung für die Partei medienwirksam aufgebauscht. Daher spielt besonders die Presse in der Beurteilung seiner Funktion für die FDP eine zentrale Rolle. Zeitgenössische Artikel geben Zeugnis über das Image Maihofers, das mit seinem Eintritt in die aktive Politik auf die Liberalen abfärbt: Er wird, mit dem Etikett „Radikaldemokrat“[186] versehen, zum „FDP-Vorzeigestück dieser Tage“.[187] In Berichten wird er immer wieder als Chef-Ideologe der Liberalen paraphrasiert.[188] Mit seinen Ansichten ist er das sozialliberale Schmuckstück, er wird in den Zeitungen als „Hauslinker“[189], „Wehner der FDP“[190] oder „Linker Libero der Liberalen“[191] dargestellt. Vor allem nach dem Tod Karl-Hermann Flachs 1973 wird Maihofer zum linken Aushängeschild. Er dient als „Garant dafür, daß die FDP nicht abschwenkt in das Lager der Union.“[192] Er ist es denn auch, der immer wieder die Bedeutung des – seinen Worten nach – historischen Bündnisses zwischen

---

186 Reiser, Hans: Maihofers später Abgang, in: Süddeutsche Zeitung, 07.06.1978.

187 Ziegler, Gerhard: FDP-Professoren: Aufgestiegen wie ein Pulk Kometen, in: Welt der Arbeit, 15.06.1978.

188 Vgl. o.A.: Bis die Linke einig ist, in: Der Spiegel, 01.11.1971; vgl. auch Sänger, Hartmut: Werner Maihofer – der große Obskure, in: Bayern Kurier, 03.11.1973; o.A.: Weg vom Mythos, in: Der Spiegel, 09.09.1974; Mumme, Gerd: Zum zweitenmal verliert die FDP-Linke ihren Kopf, in: Welt am Sonntag, 13.03.1977; Krumm, Karl-Heinz: Neben dem Chef sitzt der Chefdenker, in: Frankfurter Rundschau, 21.12.1972.

189 Leicht, Robert: Hegel im Geist, die Bratsche im Gepäck, in: Süddeutsche Zeitung, 28.09.1972.

190 Diederichs, Werner: Freiburger FDP-Thesen tragen auch Maihofers Handschrift, in: Die Welt, 13.12.1972.

191 Sänger, Hartmut: Werner Maihofer – der große Obskure, in: Bayern Kurier, 03.11.1973.

192 Serke, Jürgen: Vorsicht, denkender Minister!, in: Stern, 27.06.1974; vgl. auch Löffelholz, Thomas: Reformdenker im Kabinett der Macher, Stuttgarter Zeitung, 09.12.1974.

Liberalen und Sozialdemokraten betont.[193] „Werner Maihofer war für viele der Kitt, ja gelegentlich sogar die Schlüsselfigur der sozial-liberalen Koalition."[194]

Der Neuzugang darf also nicht unbemerkt in den hinteren Reihen der Partei untergehen, da die von ihm erhoffte Wirkung andernfalls ausbleibt. Daher ist es für die Liberalen von Interesse, ihn in einer Position zu platzieren, die vor allem eines garantiert: öffentliche Aufmerksamkeit. 1969 verpasst Maihofer den Einzug in den Bundestag, kann keinen Ministerposten im Kabinett erringen. Ohne Umwege wird er aber 1970 in den Bundesvorstand gewählt. So wird auch gewährleistet, dass die linke Strömung sich ausreichend in den Parteiämtern vertreten sieht.

Um den Stellenwert des progressiv-reformfreudigen Flügels, als dessen Aushängeschild Maihofer gilt, weiter herauszustellen, kommt ihm rasch eine parteiintern bedeutende Aufgabe zu: Maihofer wird 1970 als Leiter der Programmkommission eingesetzt, die eine „theoretische Begründung der sozialliberalen Koalition"[195] von Seiten der FDP entwickeln soll. Als Ergebnis bringt diese Kommission ein Jahr später die Freiburger Thesen hervor. Mit ihnen wird Maihofer bis heute verbunden, er gilt als ihr „geistiger Vater".[196] Das Freiburger Programm gilt als Zeugnis der exponierten Stellung des reformorientierten Spektrums der Freidemokraten und ist gleichsam als liberaler Klebstoff der Koalition anzusehen.

C Der Vater der Freiburger Thesen

Die auf dem Freiburger Parteitag 1971 vorgestellten Thesen zur Gesellschaftspolitik[197] sind als Höhepunkt des Kurswechsels der FDP zu betrachten.[198]

---

193 Vgl. Augstein, 1977, S. 302; vgl. auch Mörbitz, Eghard: Maihofers Problem heißt Maihofer, in: Frankfurter Rundschau, 31.05.1978; Goos, Diethart: Werner Maihofer – Minister ohne Fortune, in: Die Welt, 07.06.1978.

194 Löffelholz, Thomas: Reformdenker im Kabinett der Macher, Stuttgarter Zeitung, 09.12.1974.

195 Lösche/Walter, 1996, S. 88.

196 Kailitz, 2001, S. 462; vgl. auch Schmollinger/Müller, 1980, S. 46; Schmollinger, Horst W.: Veränderung und Entwicklung des Parteiensystems, in: Glaeßner et al. 1984, S. 32-52, S. 43.

197 Freie Demokratische Partei (Hrsg.): Freiburger Thesen der F.D.P. zur Gesellschaftspolitik, Bonn 1971.

198 Lehnert, Detlef: Sie sozial-liberale Koalition: Vom „historischen Bündnis" zum wahltaktischen Bruch?, in: Glaeßner et al. 1984, S. 15-31, hier S. 27.

Erstmals nimmt sich die FDP dieses Themenfeld in einem Grundsatzprogramm vor. Dabei entwickeln die Reformer um Werner Maihofer und Karl-Hermann Flach Konzepte zur Eigentumsordnung, zur Vermögensbildung, zur betrieblichen Mitbestimmung und zur Umweltpolitik. Stellenweise enthält das Programm – vor allem für konservativere FDP-Anhänger – fast sozialistisch anmutende Tendenzen. Deutlich äußern die Autoren Kritik am kapitalistischen System und setzen sich beispielsweise für eine weit reichende Ausweitung der Rechte von Arbeitnehmern ein. Die Grenzen der freien Marktwirtschaft werden ebenso aufgezeigt wie die Notwendigkeit staatlicher Einflussnahme. Der ehemalige SPD-Vorsitzende Kurt Beck kommentiert 2006 rückblickend: „Das Freiburger Programm liest sich über weite Strecken wie eine hochaktuelle Kritik am Neoliberalismus und seinem verengten Freiheitsverständnis."[199]

Mit den Freiburger Thesen wird die Umorientierung der FDP seit 1966 ideologisch und programmatisch abgestützt. Hans Vorländer spricht den Thesen dabei einerseits eine Parteiensystemfunktion, andererseits eine Funktion auf innerparteilicher Ebene zu: Durch sie wird der Regierungswechsel 1969 nachträglich legitimiert, die bestehende Koalition wird untermauert. Zusätzlich soll sie der FDP durch das linksliberale Profil einen festen Platz zwischen den beiden Volksparteien sichern. Im gleichen Zug wird eine Verbindung zur Gesellschaftspolitik des Koalitionspartners hergestellt, wobei explizit liberale Standpunkte die FDP wiederum von der SPD abgrenzen.

Innerparteilich festigen die Freiburger Thesen den eingeschlagenen sozialliberalen Kurs und spiegeln die Arbeit der neuen Führung. Der linke Flügel findet sich in dem Programm wieder und wird somit fest in die FDP integriert, wohingegen der nationalliberale Teil endgültig abgestoßen wird.[200] Im öffentlichen Image gelingt den Liberalen damit „die Wende von einer ‚Wirtschaftspartei' zu einer linksliberalen Aufsteigerpartei."[201]

---

199 Beck, Kurt: Was heißt heute sozial-liberal?, in: http://www.zeit.de/2006/44/Freiburger-Thesen [eingesehen am 19.05.2010].

200 Vgl. Vorländer, 1986, S. 192; vgl. auch o.A.: Bis die Linke einig ist, in: Der Spiegel, 01.11.1971.

201 Löffelholz, Thomas: Seit Traubes Wanze wackelt Maihofers Stuhl, in: Stuttgarter Zeitung, 05.06.1978.

Bemerkenswert ist, dass den Freiburger Thesen in verblüffender Parallele zu ihrem *geistigen Vater* Werner Maihofer vor allem eines zugeschrieben wird: Der sinnbildliche Wert: „Der Symbolwert der Freiburger Thesen war in und außerhalb der F.D.P. immer höher als die operative Tragweite der Konzeption des Sozialen Liberalismus."[202] Denn obwohl das Programm für die Profilierung der FDP in Öffentlichkeit und Medien eine enorme Bedeutsamkeit besitzt, werden auf praktisch-politischer Ebene kaum Elemente daraus realisiert. Nach außen hin schmückt sich die FDP mit den Thesen. Innerparteilich herrscht jedoch von Anfang an eine beträchtliche Ablehnung gegenüber den neuen Grundsätzen. So scheitert bezeichnenderweise Werner Maihofers Modell zur betrieblichen Mitbestimmung schon auf dem Freiburger Parteitag 1969, also just dem Parteitag der Freiburger Thesen, gegen das konservative Modell Horst-Ludwig Riemers.[203] Sogar der selbsternannte Reformer Scheel und sein Stellvertreter Genscher versagen Maihofer die Unterstützung, geht es doch hier um die tatsächliche Politik der Partei.[204] Und selbst sein auf diesem Gebiet einziger prominenter Mitstreiter Flach gibt später „heimlich zu, daß ihm Riemers formaler Erfolg besser in die langfristige Partei-Strategie paßt."[205] Während Maihofer selbst in Freiburg den Beginn der „zweite[n] Phase der bürgerlichen Revolution"[206] beschwört, wird der sozialliberale Kurs auf praktischer Ebene bereits dort im Keim erstickt.

D Der symbolische Minister

Die Entscheidung, Maihofer 1972 ins zweite Kabinett Brandt zu berufen, fällt in koalitionstaktischen Verhandlungen:

> *Die einigende Formel – für die FDP eine spürbare Aufwertung, für Brandt annehmbar und für beide Seiten symbolkräftige Bekundung intensiver Partnerschaft – erspähte schließlich Walter*

202 Vorländer, 1986, S. 213.

203 Vgl. Sobczyk, 1982, S. 75.

204 Vgl. Diederichs, Werner: Freiburger FDP-Thesen tragen auch Maihofers Handschrift, in: Die Welt, 13.12.1972; vgl. auch Lösche/Walter, 1996, S. 92.

205 o.A.: Bis die Linke einig ist, in: Der Spiegel, 01.11.1971.

206 Ebd.

> *Scheel, der gewissermaßen als Ausgleich und Äquivalent für Brandts Chefdenker [Egon] Bahr Sitz und Stimme im Kabinett auch für seinen liberalen ‚Chefprogrammierer' Maihofer empfahl.*[207]

Die Ernennung Maihofers zum Minister wird als Beweis für die gewonnene Stärke der Koalition nach dem gescheiterten Misstrauensvotum gewertet. Als Minister ohne Portefeuille fällt Maihofer zwar kein festgelegtes eigenes Ressort zu. Jedoch ist dieser inhaltliche Aspekt weit weniger relevant, als die Tatsache, dass allein der Aufstieg in den Ministerrang eine symbolische Ehrung für die Person Maihofer sowie ein weiteres Machtzugeständnis an den linksliberalen Flügel der FDP bedeutet.

Maihofer selbst sieht sich ohnehin keineswegs als Minister ohne Verantwortungsbereich. Zwar verfügt er über vergleichsweise wenige Mitarbeiter und geringe finanzielle Mittel,[208] für ihn wirkt es sich jedoch positiv aus, eben nicht an Tagesgeschäfte oder vorgeschriebene Dringlichkeiten eines Ressorts gebunden zu sein. Stattdessen macht er es sich zur Aufgabe, allerorts auszuhelfen und zu beraten, wo sein liberaler oder juristischer Beistand gefragt scheint. Das Arbeiten in einem kleinen Kreis von Mitarbeitern liegt ihm, er ist es aus seiner Zeit an der Hochschule gewohnt. Tatsächlich wird seine Tätigkeit als Sonderminister die für ihn effektivste Zeit seiner politischen Laufbahn: Er befasst sich „ohne Macht und oft auch ohne jede Zuständigkeit mit schwierigsten Problemen, belächelt von seinem persönlichen und politischen Umfeld, von Skepsis und Mißtrauen begleitet – und war doch in jedem Fall erfolgreich."[209]

---

207 Krumm, Karl-Heinz: Neben dem Chef sitzt der Chefdenker, in: Frankfurter Rundschau, 21.12.1972.

208 Vgl. Kailitz, 2001, S. 463.

209 Krumm, Karl-Heinz: Ein liberaler Denker im Kabinett der Macher, in: Frankfurter Rundschau, 05.08.1974; vgl. auch Neumeier, Eduard: Ein Durchbruch für Minister Maihofer, in: Die Zeit, 28.02.1975; Kailitz, 2001, S. 463ff.

Mehr und mehr entwickelt sich Maihofer in dieser Zeit zum sinnbildlichen Träger der Koalition von liberaler Seite.[210] In den Medien wird er als sozialliberales „Zugpferd“[211], als rot-gelbes Symbol[212] dargestellt. So erinnert sich Hans-Dietrich Genscher: „Mit Maihofer, der sich sowohl als Rechtsphilosoph wie als Strafrechtler einen Namen gemacht hatte, signalisierten wir, daß innere Liberalität auch in Zukunft ein Kennzeichen liberaler Regierungsverantwortung sein würde.“[213] Dies ist eine Funktion, die die FDP-Spitze ganz bewusst aufbaut und vermarktet, da ihr an Glaubwürdigkeit und Stringenz gelegen ist.

Die symbolische Doppelfunktion Maihofers lässt sich damit folgendermaßen zusammenfassen: Parteiintern ist er Repräsentant der linken Reformer, nach außen ist er Garant der sozial-liberalen Koalition.

E Der charismatische Führer

Bei der Recherche zu Werner Maihofers Persönlichkeit und seinem Aufstieg stellt sich schon früh die Frage nach dem Charisma. Wirkt Maihofer – aus einer ersten, irrationalen Einschätzung heraus – zunächst nicht wie ein Charismatiker im umgangssprachlichen Sinn, verfestigt sich jedoch bei der Literatur- und Zeitungsrecherche schnell der gegenteilige Eindruck. Im persönlichen Gespräch wird der Eindruck weiter verstärkt.

Besonders anschaulich wird dieser Eindruck anhand eines Erlebnisses, das Werner Maihofer aus der Zeit des Kriegsendes schildert: Er befindet sich als Teil der ungarischen Armee in Graz, als sich seine Einheit auflöst. Gemeinsam mit seinem Fahrer und seinem Burschen bricht er auf in Richtung Westen, um der russischen Kriegsgefangenschaft zu entgehen. Nach längerer Autofahrt

---

210 Dies verstärkt sich zunehmend nach dem Tod des Generalsekretärs Karl Hermann Flach im Jahr 1973, der sich ebenfalls als linksliberaler Vordenker profiliert hat. Vgl. Leuschner, 2005, S. 89.

211 Kaiser, Carl-Christian: Ein Mitgeschleppter der Koalition, in: Die Zeit, 02.06.1978.

212 Vgl. Löffelholz, Thomas: Seit Traubes Wanze wackelt Maihofers Stuhl, in: Stuttgarter Zeitung, 05.06.1978; vgl. auch Ziegler, Gerhard: FDP-Professoren: Aufgestiegen wie ein Pulk Kometen, in: Welt der Arbeit, 15.06.1978; Löffelholz, Thomas: Maihofer – ohne Grundgesetz unter dem Arm?, in: Stuttgarter Zeitung, 04.03.1977.

213 Genscher, Hans-Dietrich: Erinnerungen, Berlin 1995, S. 208f.

gelangen die drei ans Dachsteingebirge, das sie zu Fuß überqueren müssen. Sie schlagen sich durch meterhohen Schnee, wagen es jedoch nur nachts, sich weiter zu bewegen. Tagsüber verstecken sie sich aus Angst, entdeckt zu werden, im Gebüsch.

Auf einem Waldweg dann der Schock: Maihofer und seine Weggefährten, alle drei in deutscher Wehrmachtsuniform, laufen direkt in die Arme einer amerikanischen Patrouille. Eine heikle Situation. Die Amerikaner sind zunächst selbst von dem Anblick der verwilderten, übernächtigten Deutschen überrascht. Schließlich hält der Wagen, der darin sitzende Offizier nimmt Maihofer – unter dessen Protest – seinen letzten Wertgegenstand, ein Fernglas, ab.

Maihofer gelingt es, durch seine offene Art und seine guten Englischkenntnisse, die angespannte Lage – nach seiner Einschätzung, wäre es nicht unwahrscheinlich gewesen, dass die Amerikaner beim Anblick deutscher Soldaten ohne Zögern ihre Waffen ziehen und diese erschießen – in ein kameradschaftliches Gespräch zu verkehren. Letztendlich nehmen die US-Soldaten Maihofer und seine Begleiter auf ihrem Jeep mit in ihr Quartier und lassen die Deutschen dort übernachten.[214]

Mit seinem verbindlichen, warmherzigen Auftreten verschafft sich Maihofer sogar bei feindlichen Soldaten eine wohlwollende Resonanz. Ist diese persönliche Ausstrahlung als Charisma, als Voraussetzung charismatische Herrschaft im wissenschaftlichen Sinn zu verstehen? Im Folgenden soll der Frage nach dem charismatischen Charakter der Politik Maihofers nachgegangen werden.

Die folgenden Überlegungen richten sich nach Max Webers Standardwerk zur charismatischen Herrschaft.[215] Dabei ist jedoch im Vorfeld zu bemerken, dass in Maihofers Fall der Zustand des Führens im institutionellen Sinn nicht gegeben ist: Er ist weder Regierungs- noch Parteichef. Dennoch

---

214 Vgl. Werner Maihofer im Gespräch mit der Autorin am 20.03.2008.

215 Weber grenzt die charismatische von der rationalen und der traditionalen Form von Herrschaft ab. Er definiert diesen dritten Typus der Führung als „auf der außeralltäglichen Hingabe an die Heiligkeit oder die Heldenkraft oder die Vorbildlichkeit einer Person und der durch sie offenbarten oder geschaffenen Ordnungen“ ruhende Herrschaft. Vgl. Weber, Max: Wirtschaft und Gesellschaft. 5. Auflage, Tübingen, 1972, S. 124.

wird hier argumentiert, dass Maihofer doch eine Führungsfigur ist. Zum einen leitet er nacheinander zwei Ministerien. Dies lässt sich für die Frage des Charismas jedoch vernachlässigen. Tatsächlich ideologischer Führer ist er hingegen für den jungen, linksliberalen Flügel der FDP.[216] Dieses Verhältnis ist es, das Maihofer als charismatischen Führer im Weber'schen Sinn zeigt. Denn es sind dessen „persönlich[e] Fähigkeiten"[217] – zentrales Charakteristikum der charismatischen Herrschaft –, die die Grundlage für seine Herrschaftsposition bilden.

Dieser Schluss ergibt sich vor allem aus der Analyse von zeitgenössischen Zeitungsartikeln über Werner Maihofer. Zwar bezeichnen ihn nur wenige Autoren explizit als charismatisch,[218] dennoch ist eines bemerkenswert: Die Beschreibung Maihofers und des Verhältnisses anderer zu ihm deckt sich in der Wortwahl auffallend häufig mit den Attributen, die Weber einem Charismatiker zuschreibt. So spricht Weber von hingebungsvollen „Anhängern"[219] als den Beherrschten des charismatischen Führers. Dieser Begriff findet sich häufig in der Presse wieder: „Seine linken Anhänger"[220], „den enttäuschten Anhängern des frühen Maihofer"[221], „eine treue Schar von Anhängern hinter sich."[222]

Weber stellt die Form der außeralltäglichen Herrschaft zudem immer wieder in Bezug zu einer religionsähnlichen Überhöhung. Er spricht von der Gemeinde der Jünger und ihrem Propheten, von Glaubensgenossen.[223] Außergewöhnlich häufig bedienen sich Journalisten dementsprechend der Religion entlehnter Formulierungen zur Beschreibung der Person Maihofer: „Seine einstigen Jünger stießen ihn vom Podest eines Gralshüters des sozialen

216 Vgl. Zundel, Rolf: Maihofer – ein Idol ist zerstört, in: Die Zeit, 11.03.1977.

217 Möller, Frank: Einführung: Zur Theorie des charismatischen Führers im modernen Nationalstaat, in: Möller, Frank (Hrsg.): Charismatische Führer der deutschen Nation, München, Oldenbourg, 2004, S. 11-18, hier S. 4.

218 Vgl. Goos, Diethart: Werner Maihofer – Minister ohne Fortune, in: Die Welt, 07.06.1978; vgl. auch Merck, 1989, S. 73.

219 Weber, 1972, S. 140.

220 Kaiser, Carl-Christian: Ein Mitgeschleppter der Koalition, in: Die Zeit, 02.06.1978.

221 Fromme, Friedrich-Karl: Werner Maihofer: Bis zuletzt ein Mann der eigenen Entschlüsse, in: Frankfurter Allgemeine, 07.06.1978.

222 Zundel, Rolf: Duell oder Duett?, in: Die Zeit, 27.09.1974.

223 Vgl. Weber, 1972, S. 141f.

Liberalismus“[224], er gebe der sozial-liberalen Koalition eine „theologische Weihe“[225], sein „FDP-Stern [sei, Anm. F.S.] am Tage der Heiligen Drei Könige aufgegangen.“[226] Er habe „festen Glauben an seine Berufung“[227], „im höheren Sinne, einen Auftrag.“[228] Hier ist die Überschneidung mit Weber besonders deutlich, auch er spricht von einer Deutung des Wortes „'Beruf' im empathischen Sinn [...]: als ‚Sendung' oder innere ‚Aufgabe'“.[229] Später trage Maihofer „eine Art Kainszeichen“[230] als sozialliberaler Kirchenvater mit Prophetenrolle.[231] Er wird als Idol[232], Heiliger[233], Prediger[234] und liberaler Erzengel[235] beschrieben, der einen Passionsweg[236] beschreite.

Die Offenheit der jungen Linken für einen charismatischen Führer beschreibt Bracher mit ähnlichen Begriffen, was den gewonnen Eindruck verstärkt:

> *Man kann in dem zuweilen fast messianischen Fortschrittsdrang – besonders in wachsenden Teilen der jüngeren Generation – eine Säkularisierung und zugleich Politisierung geradezu heilsgeschichtlicher Bedürfnisse erblicken, die nun zu ideologischen Konzepten wurden.*[237]

---

224 Goos, Diethart: Werner Maihofer – Minister ohne Fortune, in: Die Welt, 07.06.1978.

225 Zundel, Rolf: Duell oder Duett?, in: Die Zeit, 27.09.1974.

226 Mumme, Gerd: Zum zweitenmal verliert die FDP-Linke ihren Kopf, in: Welt am Sonntag, 13.03.1977.

227 o.A.: Hinter dem Mond, in: Der Spiegel, 25.12.1972.

228 Schreiber, Hermann: Ein Quadflieg als Sheriff, in: Der Spiegel, 09.12.1974.

229 Weber, 1972, S. 142.

230 Kämpf, Margret: Der Dünnhäuter auf dem Ministersessel, in: Kölner Stadt-Anzeiger, 20.08.1977.

231 Vgl. Fromme. Friedrich Karl: Wie es um Maihofer steht, in: Frankfurter Allgemeine, 26.05.1978.

232 Vgl. Reiser, Hans: Maihofers später Abgang, in: Süddeutsche Zeitung, 07.06.1978.

233 Vgl. Fromme. Friedrich Karl: Wie es um Maihofer steht, in: Frankfurter Allgemeine, 26.05.1978.

234 Vgl. Pruys, Karl Hugo: Maihofer hat dazugelernt, in: Münchner Merkur, 30.05.1978; vgl. auch Mörbitz, Eghard: Maihofers Problem heißt Maihofer, in: Frankfurter Rundschau, 31.05.1978.

235 Vgl. Fromme, Friedrich-Karl: Werner Maihofer: Bis zuletzt ein Mann der eigenen Entschlüsse, in: Frankfurter Allgemeine, 07.06.1978.

236 Vgl. Kaiser, Carl-Christian: Ein Mitgeschleppter der Koalition, in: Die Zeit, 02.06.1978.

237 Bracher: Politik und Zeitgeist, 1986, S. 285.

Maihofers Sozialliberalismus fungiert demnach bei seiner jungen Anhängerschaft als Religionsersatz. Dies korreliert mit der Charakterisierung seiner linksliberalen Basis als besonders überzeugt und ideologisch festgelegt.

Auch andere prägnant von Gero von Brandow zusammengefasste Merkmale charismatischer Führung im Weber'schen Sinn lassen sich im Fall Maihofer erkennen.[238] So lässt sich das Auftreten charismatischer Führung in Krisenzeiten auf die Lage der FDP 1969 beziehen: Die Partei steht in der Oppositionszeit durch die drohende Bedeutungslosigkeit an der Klippe zum politischen Tod.[239] So beobachtet auch der STERN, wie Maihofer in die „damals abgewirtschaftete FDP"[240] eintritt. Das LIBERALE FORUM beschreibt anschaulich Maihofers Rolle in der Krisenzeit:

> *Er schwamm beherzt auf den unter dem Vorgänger des neu gewählten Kapitäns Scheel auf Grund gelaufenen Kahn zu, packte hart zu, half ihn wieder flottzumachen und lotste ihn 1971 trotz widriger Winde einige Strich backbord wieder ins Fahrwasser. Heute ist Maihofer von der Brücke nicht mehr wegzudenken.*[241]

Als weiteres Charakteristikum der charismatischen Führung wird das Visionäre genannt. Auch dies lässt sich auf Maihofer beziehen: „Er ist nie auf fahrende Züge aufgesprungen. Er hat sie in Bewegung gesetzt. [...] Seine Stärke war das Anregen, die Skizze, nicht das Handbuch zur leichten Anwendung."[242]

Aus diesen Beschreibungen folgt der Schluss, dass Werner Maihofer durchaus als charismatischer Führer im Weber'schen Sinn zu betrachten ist. Dies ist ein wichtiger Aspekt bei der Analyse von Maihofers Werdegang. Denn für charismatische Führungspersönlichkeiten lässt sich ein bestimmtes Karrieremuster erkennen. Durch die persönliche Hingabe der Gefolgschaft erfreut sich der Charismatiker zunächst großer Loyalität und Unterstützung.

---

238 Vgl. Randow, Gero von: Narziß in der Rückkopplungsschleife, in: Frankfurter Allgemeine Sonntagszeitung, 17.02.2002.

239 Vgl. Dittberner, 1987, S. 146.

240 Serke, Jürgen: Vorsicht, denkender Minister!, in: Stern, 27.06.1974.

241 o.A.: Auch als Linker recht machen, in: Liberales Forum 1/74.

242 Serke, Jürgen: Vorsicht, denkender Minister!, in: Stern, 27.06.1974.

Zugleich wird dieser Form der Führung aber auch eine stets implizite Labilität zugeschrieben: Der charismatische Herrscher hat die Pflicht, seine Legitimation durch Bewährung aufrecht zu erhalten. Kann der Herrscher die überhöhten Bedürfnisse der Anhängerschaft nicht mehr ausreichend befriedigen, so versiegt die Quelle seiner Macht. Diese Unzufriedenheit resultiert vor allem aus der Notwendigkeit für den Herrscher, die eigene Machtposition zu sichern sowie sich an ökonomische und bürokratische Zwänge anzupassen.[243] Weber spricht in diesem Zusammenhang von einer Veralltäglichung des Charisma.[244] Die Veralltäglichung kommt einer Vernichtung des Charisma gleich, entzieht damit dem Herrschaftsverhältnis seine Grundlage. Nicht zuletzt diese graduelle Veralltäglichung von Maihofers Charisma in einer Situation der erhöhten formellen Macht ist es, die letztlich zu seinem politischen Niedergang führt.

243 Vgl. Weber, 1972, S. 140f; Möller, 2004, S. 6.

244 Vgl. Weber, 1972, S. 144ff.

V Umbruch – Alles wird anders

Die Jahre 1973/74 sind für Werner Maihofers Karriere ebenso bedeutsam wie das Jahr 1969 (s. Punkt IV.1.1 und Punkt IV.2.3). Die Mitte des Jahrzehnts bedeutet eine weitere tief greifende Veränderung für die bundesdeutsche Parteienlandschaft und ihre Politiker: Ökonomisch, politisch und gesellschaftlich gerät die Republik erneut in Bewegung.

Für Werner Maihofer bedeutet dieser Zeitabschnitt den Scheitelpunkt seiner Politikerlaufbahn: Mit seiner Ernennung zum Innenminister erlebt er den institutionellen Höhepunkt seiner Karriere. Der Machtzuwachs verspricht vermehrte Einflussnahme auf die Regierungspolitik sowie die Parteilinie. Doch die Beförderung wiegt wenig im Vergleich zu den aufeinander treffenden Strömungen in Deutschland: Eine reaktionäre Tendenzwende in Gesellschaft und Politik nimmt Formen an. Paradoxerweise beginnt somit gerade an der prestigeträchtigen Wegmarke Innenministerium der langsame Abstieg Werner Maihofers.

Fünf bedeutende Ereignisse sind zu identifizieren, die die Karrierebedingungen Maihofers grundlegend verändern:

1. eine konservative Wendung des politischen Klimas,
2. ein neuer Vorsitzender der FDP,
3. die Wahl zum stellvertretenden Bundesvorsitzenden,
4. der Wechsel der Spitze der Bundesregierung sowie
5. Werner Maihofers Amtsantritt und seine Arbeit als Innenminister.

Diese Umbrüche haben weitgehende Konsequenzen für Maihofers Werdegang. Wie sie sich im Einzelnen auf die Politik der FDP und die Karriere Maihofers niederschlagen, wird im folgenden Teil der Studie untersucht.

VI Maihofers Fall – Abstieg auf Raten

VI.1 Das politische Klima – Konservative Tendenzwende

Die Jahre 1973 und 1974 markieren eine Zäsur in der westdeutschen Gesellschaft. Die Entwicklung der vorangegangenen Jahre führt zu einer Liberalisierung und Demokratisierung. Die viel versprechende Wirtschaftslage ruft einen Gemütszustand der Deutschen hervor, der sich in politischer Aufbruchstimmung und Reformeifer ausdrückt. Manifestation dieses Zeitgeistes ist die erstmals zustande gekommene rot-gelbe Koalition unter Willy Brandt und Walter Scheel (s. Punkt IV.1). Das gescheiterte Misstrauensvotum der CDU/CSU von 1972 gibt dem sozial-liberalen Bündnis abermals Aufwind. Doch der Eindruck einer dauerhaften Festigung täuscht: Schon bald werden die Weichen für das Scheitern der Koalition gestellt.[245] Bereits die Jahre 1973 und 1974 markieren den Wendepunkt der SPD-FDP-Ära. Dies lässt sich zu einem großen Teil gesellschaftspolitisch begründen.

Die späten sechziger Jahre sind charakterisiert durch Gefühle wie Hoffnung, Wachstum und Euphorie.[246] Diese Motoren für Reform und Aufbruch schlagen in der Mitte der siebziger Jahre plötzlich um. Die Literatur erkennt hier eine konservative Tendenzwende.[247] Bracher charakterisiert die Jahre als „Zeit der großen Ernüchterung".[248]

Ein Grund für diesen „deutliche[n] Wandel des Zeitgefühls"[249]: Seit Ende des Jahres 1973 stagniert die Wirtschaft. Deutschland spürt heftig die Auswirkungen der weltweiten Öl- und Energiekrise. Teure Reformvorhaben der Regierung müssen daher erst einmal auf Eis gelegt werden[250] – und finden

---

245 Vgl. Lehnert, 1984, S. 18f.

246 Vgl. Bickerich, 1982, S. 11f.

247 Vgl. Borowsky, 1980, S. 122; vgl. auch Lösche/Walter, 1996, S. 95f; Bracher: Politik und Zeitgeist, 1986, S. 346.

248 Bracher: Politik und Zeitgeist, 1986, S. 286, S. 338.

249 Ebd., S. 346.

250 Vgl. Borowsky, 1980, S. 94f; vgl. auch Bracher: Vom Machtwechsel zur Wende, 1986, S. 8.

häufig nicht wieder zurück auf die Agenda.[251] Im Zuge der Wirtschaftskrise steigen auch die Arbeitslosenzahlen in bis dahin ungekannte Höhen. Das hat zur Folge, dass ökonomische Kernressorts wie Wirtschaft, Arbeit und Finanzen wieder in den gesellschaftlichen Fokus geraten.

Doch nicht nur der äußere Rahmen für die Umsetzbarkeit der Reformen von Seiten der Regierung schwindet. Auch die geistige Haltung der Menschen verändert sich:

> *Die 1973 einsetzende Wirtschaftskrise hatte offenbar eine Trend- oder ‚Tendenzwende' im Wählerbewußtsein herbeigeführt [...]. Die Bereitschaft, sich auf Reformen in Wirtschaft und Gesellschaft einzulassen und neue Wege der Außenpolitik auszuprobieren, war gegenüber 1972 und 1969 gesunken.*[252]

Die Konsequenz für das politische Klima: Die überhöhten, optimistischen Fortschrittserwartungen der späten Sechziger schlagen in eine verzerrt und überspitzt wahrgenommene Fortschrittskrise um.[253]

Die Entwicklung von APO- und Studentenbewegung veranlassen außerdem, dass sich in Teilen der Bevölkerung eine Ablehnung der linken Szene einstellt. Viele Bürger fühlen sich durch die reformistische, zugleich aber stark ideologisierte Bewegung eher eingeengt als befreit.[254] Damit verkehrt sich die Ansicht der breiten Bevölkerung ins Gegenteil zu den Forderungen des linken Milieus:

> *Auch brachten die gesellschaftlichen Veränderungen als Folge der ‚antiautoritären' Tendenzen in fast allen sozialen Bereichen zunehmend Probleme der geistigen Orientierung mit sich. Es verstärken sich Klagen über den Verfall bisheriger Werte, über Schwund des Leistungswillens und übertriebenes Anspruchsdenken im Wohlfahrtsstaat; immer vernehmlicher macht sich das Verlangen nach einer ‚Tendenzwende' bemerkbar.*[255]

---

251 Vgl. Lehnert, 1984, S. 24; vgl. auch Sobczyk, 1982, S. 78.

252 Borowsky, 1980, S. 122.

253 Vgl. Bracher: Vom Machtwechsel zur Wende, 1986, S. 8.

254 Vgl. Bracher: Politik und Zeitgeist, 1986, S. 350.

255 Bracher: Vom Machtwechsel zur Wende, 1986, S. 10.

Statt Reformen setzt ein großer Teil der Deutschen also wieder vor allem auf traditionelle Werte wie Ordnung und Sicherheit.[256]

Eine zweite Beobachtung der geistigen Haltung der deutschen Bevölkerung läuft hierzu konträr. Denn gerade vielen überzeugten Anhängern linker Ideologie gehen die antiautoritären Tendenzen und reformerischen Gedanken der Brandt'schen Regierung nicht weit genug. Für sie sind die tatsächlichen Ergebnisse der sozialliberalen Zusammenarbeit eine Enttäuschung. Als Folge wenden sie sich von den etablierten Organisationsformen ab und artikulieren ihre Ansichten anderweitig. So setzt in den siebziger Jahren eine breite Etablierung von Bürgerrechtsbewegungen ein.[257]

Der eine oder der andere Grund, das Ergebnis für die Regierungskoalition ist vor allem eines: Die Unterstützung in der Bevölkerung nimmt rapide ab.

Die Tendenzwende des politischen Klimas hat zunächst keine direkten Auswirkungen auf das Fortbestehen der Regierungskoalition: Das sozialliberale Bündnis hält noch fast zehn Jahre, bis 1982. Dies mag daran liegen, dass die Union die Unzufriedenheit der Bürger nicht ausreichend auffangen kann: „Das Neue war ja gerade, daß die bislang klaren Fronten sich verwischten. Die konservativen Züge der Tendenzwende sind so wenig eindeutig einem politischen Lager zuzuordnen wie der in Zweifel gezogene Fortschrittsgedanke."[258] Dennoch verändert sich die Beziehung der Koalitionspartner zueinander. Die Väter des Bündnisses, Brandt und Scheel, werden abgelöst und durch Politiker ersetzt, die vor allem für ihren Pragmatismus bekannt sind: Helmut Schmidt und Hans-Dietrich Genscher. Die neuen Regierungsherren verstehen es, ihre Parteien sowie die Politik der Regierung nach und nach an das neu entstandene politische Klima anzupassen.[259] Vor allem für die FDP unter Genscher bedeutet dies eine Abkehr von der bis dahin proklamierten einzig vorstellbaren, historischen Bündnisvariante mit den Sozialdemokraten. Langsam öffnet sich wieder der Weg zur Union. Nach außen hin besteht die sozial-liberale Koalition jedoch fort. Die Liberalen stehen so vor der schwieri-

256 Vgl. Lehnert, 1984, S. 20.
257 Vgl. Lösche/Walter, 1996, S. 95.
258 Bracher: Politik und Zeitgeist, 1986, S. 351.
259 Vgl. Lehnert, 1984, S. 20.

gen Situation, den Kurs nach außen hin weiter glaubwürdig zu vertreten, während parteiintern bereits neue Wege ausgelotet werden.

In dieser heiklen Lage kommt Werner Maihofer ins Spiel: Sein symbolischer Wert wird dazu genutzt, eine scheinbare Kontinuität zu gewährleisten.[260] Erreicht wird dies durch eine Aufwertung von Maihofers formaler Stellung: Er wird 1974 der Nachfolger Hans-Dietrich Genschers im Amt des Bundsinnenministers. Dies ist der Moment der größten institutionellen Macht in Werner Maihofers Karriere. Jedoch ist es zugleich der Beginn seines schleichenden Falls, der sich über die kommenden vier Jahre erstreckt. Denn diese Wegmarke ist es, an der die bewusste inhaltliche Entwertung des Sozialliberalen einsetzt.

Das veränderte politische Klima sorgt dafür, dass andere Anforderungen an die Politik gestellt werden. Plötzlich passt Maihofer nicht mehr in das vom Zeitgeist geforderte Profil: In der Reformeuphorie der späten sechziger Jahre stehen visionäre Reformpläne und Zukunftskonzepte auf der Agenda. Die gesellschaftliche Stimmung ist offen für Erneuerung und Demokratisierung. Nun aber sind andere Werte erforderlich, um politisch zu überleben. Statt sozialer Visionen geht es nun vermehrt um tagespolitische Überlebensstrategien und pragmatische Konzepte. Schlagartig verlieren die Parteien das Interesse an Grundsatzprogrammen und Zukunftskonzepten.[261] Dies spürt der FDP-Theoretiker Maihofer deutlich. Denn er ist in seiner Funktion als Parteiideologe und Programmatiker in dieser gesellschaftlichen Stimmung nicht mehr gefragt: „Abgesehen vom Mainzer Parteitag 1975 erhielt Maihofer, vermerkte er verbittert im engen Kreis, keinen Auftrag mehr für eine Grundsatz-Rede mit perspektivischen Thesen.“[262] Stattdessen versuchen die Liberalen, Maihofer anderweitig einzusetzen und küren ihn kurzerhand zum Innenminister.

Eine ähnlich zwiespältige Beförderung, die tatsächlich eine Entmachtung bedeutet, ist die Ernennung Maihofers zum Leiter der Perspektiv-Kommission. Deren Aufgabe ist es zwar, die gesellschaftspolitische Linie der FDP weiter auszuformulieren. Jedoch hat sie parteiintern in Wirklichkeit kaum Gewicht.

---

260 Vgl. Sobczyk, 1982, S. 78.

261 Vgl. Jäger, 1987, S. 14.

262 Krumm, Karl-Heinz: Wo andere prügelten, wollte er noch streicheln, in: Frankfurter Rundschau, 08.06.1978.

Denn sie steht in ständiger Konkurrenz zur fast zeitgleich eingesetzten Wirtschafts-Kommission. Die Auswirkung: Ein zähes Ringen um den Vorrang von ökonomischen oder aber von sozialen Aspekten. „Dabei hatte die Wirtschafts-Kommission die Nase eindeutig vorn.“[263] Ihren Kulminationspunkt findet die Entwicklung zum Wirtschaftsliberalismus in den Kieler Thesen von 1977 (s. Punkt VI.2.2). Ihr eindeutig ökonomischer Schwerpunkt besiegelt endgültig das Ende der sozialliberalen Phase der FDP.[264]

VI.2 Partei und Koalition – Neue Köpfe, neuer Kurs

VI.2.1 Die Lage der FDP im Parteiensystem

Die rasche Abwendung vom Links- bzw. Sozialliberalismus in der zweiten Entwicklungsphase der FDP (s. Punkt IV.2.1) kann – genau wie die einstige Hinwendung – teilweise durch die Lage der übrigen Parteien begründet werden. Dabei wird wie im vorangegangen Abschnitt zunächst das Verhältnis zu den weiteren kleinen Anwärter auf den Eintritt in den Bundestag betrachtet, der einerseits scheitert (NPD) und andererseits erst nach dem für die vorliegende Arbeit relevanten Zeitraum gelingt (Die Grünen). Anschließend richtet sich der analytische Blick auf die Beziehung der Liberalen zu SPD und Unionsparteien.

A Die FDP und die kleinen Parteien

Trotz ihrer relativen Erfolglosigkeit hat die NPD indirekt eine große Bedeutung für die Entwicklung der Liberalen. Die Nationaldemokraten verfehlen 1969 knapp den Einzug in den Bundestag, woraufhin die Partei bald an Relevanz verliert und ihre starke Stellung im bundesdeutschen Parteiensystem aufgeben muss.[265] Hierin liegt ein bedeutsamer Einflussfaktor auf die Selbstverortung der FDP: Mit dem Scheitern der nationalistisch ausgerichteten Partei

---

263 Jäger, 1987, S. 28.

264 Vgl. ebd., S. 114.

265 Vgl. Schmollinger/Müller, 1980, S. 38.

ist der politische Standpunkt rechts der Union wieder vakant. Somit ist eine erneute Öffnung der FDP in diese Richtung überhaupt erst wieder möglich.

Bei der abermaligen „Tendenzwende"[266] spielt jedoch vor allem eine zweite aufstrebende Kleinpartei eine wichtige Rolle. Die bestehenden Parteien, und so auch die FDP, schaffen es nicht ausreichend, Protest und Kritik der aufbegehrenden jungen Generation, die sich als APO formiert hat, in ihre etablierte Parteiorganisation zu integrieren.[267] Damit verpassen die Liberalen die Chance, auch zukünftig relevante Wählergruppen zu binden und somit langfristig die Bedeutungsmacht der FDP zu sichern. Die Aktivisten sammeln sich stattdessen zunächst in diversen Bürgerinitiativen und schließen sich 1980 letztendlich zu einer neuen Bundespartei zusammen: den Grünen. Diese Entwicklung kündigt sich in den vorhergehenden Jahren bereits auf kommunaler und Landesebene an.[268] Die sich abzeichnende Erweiterung der politischen Landschaft wird von den etablierten Parteien mit großer Aufmerksamkeit verfolgt.

Dem FDP-Präsidium liegen so im Januar 1978 Prognosen zum wahrscheinlichen Stimmenpotential einer Umweltschutzpartei sowie zur sozioökonomischen Schichtung ihrer potentiellen Wähler vor.[269] Das Dokument gibt den Liberalen erneut Anlass, um ihre Existenz zu fürchten: Einer möglichen neuen Protestpartei dieser Art wird nicht nur ein Gewinn von bis zu 26% der Stimmen zugetraut. Selbst für den Fall eines Scheiterns der Gruppierung an der Fünf-Prozent-Hürde bei der Bundestagswahl 1980 werden massive Auswirkungen auf das Parteiensystem prognostiziert. Anhängern der sozialliberalen Koalition wird in dem Papier dabei eine hohe Affinität zu einer solchen neuen Partei zugeschrieben. Besondere Überschneidungen ergeben sich demnach vor allem mit den gerade erst neu erschlossenen Wählerschichten der FDP: den Gebildeten, den Jungwählern und dem *neuen* Mittelstand,

---

266 Bracher: Politik und Zeitgeist, 1986, S. 313.

267 Vgl. Scherer, 1984, S. 72; vgl. auch Bickerich, 1982, S. 24.

268 Vgl. Müller-Rommel, Ferdinand und Poguntke, Thomas: Die Grünen, in: Mintzel, Alf und Oberreuter, Heinrich (Hrsg.): Parteien in der Bundesrepublik Deutschland, Bonn 1992, S. 319-361, hier S. 319ff.

269 Vgl. Vorlage für die Sitzung des Präsidiums der FDP am 30./31.01.1978, ADL, Bestand Präsidiumsprotokolle, 5828.

darunter vor allem den Beschäftigten im Dienstleistungssektor.[270] Eben diese Schichten scheinen die Basis einer grünen Partei auszumachen. [271] Diese für die FDP bedrohliche Feststellung wird auch in dem Präsidiums-Dokument betont:

> *Von besonderem Interesse bei der Zielgruppenanalyse der Umweltschutzpartei ist, daß eine der Schwerpunktzielgruppen für die F.D.P.-Parteiarbeit in den Jahren bis zur Bundestagswahl 1980, d.h., junge Wähler bis 35, ebenfalls für die Umweltschutzproblematik besonders ansprechbar sind.*[272]

Eine ausreichende Integration dieses Themenfeldes in die Programmatik der FDP kann jedoch „durch das Schwergewicht marktwirtschaftlicher Imageprofilierung nicht oder nur völlig unzureichend vermittelt werden".[273] Somit werden die Grünen und ihre Vorläuferorganisationen „allmählich zum schärfsten Konkurrenten der FDP".[274] Wieder stehen die Liberalen vor dem Problem, das eigene, hart erarbeitete Image an eine neu aufstrebende Gruppierung zu verlieren. Abermals muss also ein neuer Kurs eingeschlagen wurden, um eine partei-spezifische Wählerschicht anzusprechen. In der Bestimmung der neuen Grundrichtung setzt sich daraufhin in den folgenden Jahren endgültig der wirtschaftsliberale Flügel der Partei durch.[275]

B Die FDP und die großen Parteien

Auf der anderen Seite muss das Umschwenken der FDP jedoch auch mit Blick auf die großen Parteien betrachtet werden. Denn während die Wahlergebnisse der FDP relativ stabil bleiben und damit eigentlich keinen Anlass zum Verlassen des eingeschlagenen Weges bieten, verändert sich die Gunst der Bevölkerung in Bezug auf die Volksparteien. Dies zeigt sich an den Land-

---

270 Vgl. Kaack, 1974, S. 423; vgl. auch Kaack, 1976, S. 47.

271 Vgl. Müller-Rommel/Poguntke, 1992, S. 352ff; vgl. auch Merck, 1989, S. 48.

272 Vorlage für die Sitzung des Präsidiums der FDP am 30./31.01.1978, ADL, Bestand Präsidiumsprotokolle, 5828.

273 Vorländer, 1986, S. 220.

274 Lösche/Walter, 1996, S. 96.

275 Vgl. Lösche/Walter, 1996, S. 93ff; vgl. auch Bickerich, 1982, S. 22f.

tagswahlergebnissen zwischen 1972 und 1976.[276] Die Zustimmung zum SPD-Kurs nimmt ab. Ganz im Gegensatz zur Union verlieren die Sozialdemokraten auf Landesebene erheblich an Stimmen. Dies veranlasst die Freidemokraten, den eigenen sozialliberalen Kurs zu überdenken.[277] Das Ergebnis: Als die SPD 1976 in Niedersachsen ihre Mehrheitsfähigkeit verliert, schwenken die Liberalen erstmals von ihrem – bis dahin auch auf Landesebene durchgehaltenen – rot-gelben Kurs ab und sagen der CDU eine Unterstützung der Minderheitsregierung unter Ernst Albrecht zu.[278]

Bei den Freidemokraten wird mit Blick auf die Landtagswahlergebnisse die Befürchtung laut, sie selbst könnten ohne eine deutliche Distanzierung leicht mit in das Tief der SPD gerissen werden.[279] Die Zweischneidigkeit des Verhältnisses wird deutlich: Die FDP spürt nicht nur den Erfolg der großen Partei am eigenen Leib. Auch von einem Abwärtstrend des Koalitionspartners bleiben die Liberalen nicht unberührt. Eine offensichtliche Abwendung von der Sozialdemokratie scheint daher zur Sicherung der eigenen Machtposition unerlässlich.

Hinzu kommt eine Veränderung des Verhältnisses zur SPD, das eintreten muss, sobald die Koalition besiegelt ist, damit die FDP für die Wähler als eigenständige Partei erkennbar bleibt. In der vorangegangenen Zeit der Annäherung sind stets die Gemeinsamkeiten der beiden Parteien hervorgehoben und betont worden. In der Rolle als kleiner Koalitionspartner jedoch sieht sich die FDP dagegen zur Abgrenzung von der SPD verpflichtet, um einen eigenen Standpunkt zu erhalten und um in der öffentlichen Wahrnehmung nicht vollkommen in der Gleichsetzung mit der Sozialdemokratie unterzugehen.[280] Daher setzen die Liberalen nun wieder auf ihre konservativen Kernthemen mit ökonomischem Schwerpunkt. Besonders nach dem Wechsel an der Parteispitze 1974 sorgt der neue Vorsitzende Genscher dafür, dass die FDP

276 Vgl. Leuschner, 2005, S. 105.
277 Vgl. Jäger, 1987, S. 28.
278 Vgl. Leuschner, 2005, S. 108.
279 Vgl. Kaack zitiert nach Dittberner, 1987, S. 44.
280 Vgl. Sontheimer, 1975, S. 128f.

„sich als rechtes Korrektiv in der Koalition mit der SPD platzierte und die Entwicklung zur Bürgerrechtspartei“[281] aufgibt.

Auch die Lage der CDU/CSU trägt zur Kursänderung der FDP bei. Die Unionsparteien verfügen auf Grund der Erfolge auf Landesebene über eine Mehrheit im Bundesrat, was ihnen eine große Einflussmöglichkeit auf die Gesetzgebung des Bundes und damit auf die Politik der Regierung bietet.[282] Damit können sie ihre Position erheblich stabilisieren und sich als fähige Opposition profilieren. Der allgemeine Trend zurück zu konservativeren Werten (s. Punkt VI.1) gibt den Unionsparteien zusätzlichen Auftrieb und lässt diese für die Freien Demokraten als Koalitionspartner wieder attraktiver erscheinen als noch Ende der sechziger Jahre.

Dittberner betrachtet auch die innerparteiliche Hierarchie der FDP mit Blick auf Union und SPD: Um eine Distanz zum (möglichen) Koalitionspartner zu erhalten, seien immer Vertreter derjenigen liberalen Strömung für die Partei besonders bedeutsam, die eben *nicht* die Koalitionslinie repräsentieren.[283] Diese Feststellung erscheint für den Fall Maihofer besonders interessant. Denn in der Phase von Annäherung und erster Berührung von Frei- und Sozialdemokraten wird Maihofers Stellung wie im vorangegangenen Abschnitt beschrieben, stets herausgestellt. Nun aber, da die Koalition elektoral gefestigt ist und zugleich eine Rückannäherung an die Union einsetzt, verschiebt sich das Kräfteverhältnis innerhalb der FDP. Hervorgehoben werden nun wiederum Politiker, die zu diesem neuen Trend passen. Beispielhaft zu nennen ist hier der spätere Bundeswirtschaftsminister und entschiedene Wirtschaftsliberale Otto Graf Lambsdorff.

---

281 Lösche/Walter, 1996, S. 94.

282 Vgl. Leuschner, 2005, S. 98.

283 Vgl. Dittberner, 1987, S. 149f.

VI.2.2 Der parteiinterne Wandel

A Von Scheel zu Genscher

Spätestens seit dem Antritt Genschers als Bundesvorsitzender setzt eine erneute Rückwendung der Liberalen zur CDU/CSU ein. Damit vollzieht der neue Chef eine Kehrtwende der Koalitionspolitik der FDP. Der Führungswechsel an der Parteispitze bedeutet einen abrupten Schwenk der Parteipolitik ohne Kompromisse. Genscher passt damit in seiner politischen Philosophie, aber auch in seiner Arbeitsweise nicht recht zu seinem neuen Innenminister Maihofer. Wo der letztere für Programme, Konzepte und Visionen steht[284], gilt Genscher als „unideologisch, pragmatisch, machtorientiert. [...] Genscher war offen – für alles, was den Freien Demokraten den größtmöglichen Einfluß einbrachte."[285] Den Wert anderer Politikstile erkennt der Pragmatiker nicht an. So verkennt er den Nutzen des intellektuellen Theoretikers in seinen Reihen, weiß die taktische Wirkung von Programmen nicht zu würdigen.[286] Diese Einschätzung teilt – und bedauert – auch Werner Maihofer. Er empfindet Genschers Machtübernahme sogar als Saat des Misstrauens innerhalb der FDP.[287]

Genscher erkennt jedoch schnell ein Patentrezept für das äußere Fortbestehen der FDP. Er entdeckt die Marktlücke, die den Liberalen in der Koalition zu mehr Macht und eigenem Profil verhilft: die Wirtschaft. Mit linksliberalen Standpunkten kann sich die FDP neben dem großen Regierungspartner kaum noch selbstständig profilieren. Themen wie Mitbestimmung und Umverteilung werden ohnehin traditionell von den Sozialdemokraten besetzt. Genscher spürt jedoch, welches Unbehagen diese Konzepte in der deutschen Ökonomie auslösen und macht seine Partei zum Sprachrohr der Unternehmen.[288] Konsequent etabliert er den so genannten Wirtschaftsrealismus auf der liberalen

---

284 Vgl. Serke, Jürgen: Vorsicht, denkender Minister!, in: Stern, 27.06.1974.

285 Lösche/Walter, 1996, S. 69f.

286 Vgl. ebd., S. 80.

287 Vgl. Werner Maihofer im Gespräch mit der Autorin am 10.03.2008.

288 Vgl. Lösche/Walter 1996, S. 93.

Agenda und verschafft sich so in ökonomischen Kreisen Gehör und Unterstützung.[289]

Für die Parteilinie bedeutet dies zwar eine Kehrtwende, persönlich schlägt Genscher damit jedoch keine neuen Pfade ein: Schon als Innenminister hatte er gegen die Entwicklung zur Bürgerrechtspartei gewirkt und zur Rückorientierung der FDP nach rechts beigetragen. Die Konsequenz: Unter Genscher nehmen die Liberalen in der Koalition die Rolle des konservativen Korrektivs der sozialdemokratischen Politik ein.[290] Vor allem nach der erneuten Bestätigung der rot-gelben Koalition 1976, gekoppelt mit der Annäherung an die CDU, verstärkt sich diese Tendenz.[291] Als neuer wichtiger Motor weg vom Linksliberalismus gewinnt in der FDP neben Genscher zusehends der Wirtschaftsliberale Otto Graf Lambsdorff an Bedeutung, der 1977 Wirtschaftsminister wird.[292] Diese beiden Vertreter des rechten Flügels werden bald zu den zentralen Figuren der Partei. In ihrem Umfeld wird von nun an gezielt darauf hin gearbeitet, die Koalition zu zerrütten, „die FDP-Rechten vergrößerten mit Methode den Vorrat an Konfliktstoff in der sozialliberalen Koalition."[293] Für die Etablierung oder Weiterentwicklung eines Profils, wie Maihofer es immer wieder von der Partei fordert, bleibt bei dieser Strategie kein Platz. Insbesondere nicht für das sozialliberale Antlitz, das Maihofer und seinen Anhängern für die FDP vorschwebt.

Genscher sieht den strukturellen Machtfaktor der Liberalen vielmehr darin, stets die ausschlaggebende Kraft bei Wahlen zu sein, unentbehrlich für das Zustandekommen jeder möglichen Regierungsvariante. Essentiell dafür ist, dass die Option einer Koalition mit beiden Volksparteien offen steht.[294] In seiner Autobiografie bringt Genscher die Taktik des bewusst herbeigeführten Mangels an Programmatik auf den Punkt: „Der Begriff ‚sozialliberal' bereitete mir […] Probleme. Für mich ist die F.D.P. die liberale Partei, und jede

289 Vgl. Søe/Vorländer, 1987, S. 176.
290 Vgl. Lösche/Walter, 1996, S. 94f.
291 Vgl. ebd., S. 98.
292 Vgl. Sontheimer/Bleek, 2004, S. 250.
293 Bickerich, 1982, S. 22f.
294 Vgl. Lösche/Walter, 1996, S. 100; vgl. auch Sontheimer/Bleek, 2004, S. 62.

Hinzufügung bedeutet eine Einschränkung."[295] Werner Maihofer, als Verfechter des historischen Bündnisses mit der SPD, ist damit in der Genscher'schen FDP fehl am Platz.

B Von Maihofer zu Friderichs

Wie beschrieben nimmt das Gewicht des wirtschaftsliberalen Parteiflügels kontinuierlich zu, die Bedeutung der Sozialliberalen um Werner Maihofer hingegen lässt enorm nach. Aus den bereits angedeuteten Gründen wird dieser dennoch ins Amt des Innenministers befördert. Nach außen hin scheint seine Stellung damit gestärkt. Innerparteilich aber ist das tatsächliche Schwinden an Rückhalt deutlich zu spüren.

Dies offenbart sich bei der Wahl zum stellvertretenden Bundesvorsitzenden im Jahr 1974. Mit 190 zu 204 Stimmen unterliegt Maihofer völlig unerwartet seinem Konkurrenten, dem Wirtschaftsminister Hans Friderichs. Dabei gilt Maihofers Wahl zuvor als gesichert, der Mitbewerber lässt sich überraschend und erst in letzter Minute aufstellen.[296] Friderichs gehört zum parteiintern mit dem sozialliberalen Flügel konkurrierenden wirtschaftsliberalen Lager. Die FDP lässt Maihofer in dieser direkten Gegenüberstellung eiskalt auflaufen. Es gelingt ihm zwar, die Parteilinke hinter sich zu bringen. Auf die gesamte FDP bezogen bleibt seine Anhängerschaft jedoch eine Minderheit.[297]

Obwohl das Ergebnis knapp ausfällt, kommt der Wahl ein großer Stellenwert zu: Sie gilt als entscheidend im Richtungskampf der FDP, und Genscher scheint mit dem Ergebnis recht zufrieden.[298] Zuvor hatte er noch im Geheimen beiden Kandidaten seine Unterstützung ausgesprochen.[299] Doch die Tendenz der Liberalen hat sich unwiderruflich verändert und richtet sich nun offensichtlich gegen Maihofer.[300] Auch er selbst bewertet dies noch am Wahlabend ähnlich: „Jetzt ist allen klar, daß es zwei Parteien in der FDP gibt,

295 Genscher, 1995, S. 446.
296 Vgl. Zundel, Rolf: Duell oder Duett?, in: Die Zeit, 27.09.1974.
297 Vgl. Bernstorf, Martin: Maihofers Notstand, in: Deutsche Zeitung, 04.03.1977.
298 Reiser, Hans: Maihofers später Abgang, in: Süddeutsche Zeitung, 07.06.1978.
299 Vgl. Werner Maihofer im Gespräch mit der Autorin am 10.03.2008.
300 Vgl. Krumm, Karl-Heinz: Wo andere prügelten, wollte er noch streicheln, in: Frankfurter Rundschau, 08.06.1978.

die Wirtschaftspartei von Herrn Friedrichs und die Reformpartei."[301] Er ist von der unerwarteten Niederlage hart getroffen und von der Partei enttäuscht.[302] Dies deutet an, wie wenig Maihofer sich an die Rolle des Berufspolitikers gewöhnt hat. Rückschläge kann er schwer hinnehmen, er fühlt sich stattdessen persönlich angegriffen und reagiert „bitter".[303] Eine tatsächliche politische Professionalisierung findet bei ihm nie statt.

Der innerparteiliche Schlag gegen Maihofer läutet unwiederruflich seinen Abstieg in der FDP ein und besitzt eine weitaus größere Aussagekraft als seine Ernennung zum Innenminister. Es zeichnet sich bald ein Lauf der Entwicklung ab, den Maihofer selbst kaum mehr zu beeinflussen vermag, da er vor allem parteipolitisch zu lesen ist: „Maihofer geriet als Bundesinnenminister zwischen die Stühle, die in seiner Partei nicht nur weit auseinanderstehen, sondern auch permanent, je nach dem augenblicklichen Stand der Gestirne, verrückt werden."[304]

In der Retrospektive wird die verlorene Wahl zum stellvertretenden Bundesvorsitzenden als Ausdruck der allgemeinen Koalitionsernüchterung interpretiert: Friedrichs symbolisiert im schroffen Gegensatz zu Maihofer die Bündnisoffenheit der Liberalen zur Union.[305] Bereits einige zeitgenössische Beobachter erkennen die wegweisende Bedeutung dieser Personalentscheidung: „Klar scheint jedoch zu sein, daß mit dieser Kampfabstimmung die Auseinandersetzung um Richtung und Personen in der FDP schon zwei Jahre vor der nächsten Bundestagswahl begonnen hat."[306] Beobachter gehen sogar so weit zu sagen, der Fall Maihofer sei für die Liberalen die Personifizierung der Frage, ob die Koalition mit der SPD weiterhin als einzig mögliche Option

---

301 Sobczyk, 1982, S. 75.

302 Vgl. Lölhöffel, Helmut: Friderichs gewinnt knapp gegen Maihofer, Genscher erwartungsgemäß Vorsitzender, in: Süddeutsche Zeitung, 02.10.1974.

303 Sobczyk, 1982, S. 75.

304 Fromme, Friedrich-Karl: Werner Maihofer: Bis zuletzt ein Mann der eigenen Entschlüsse, in: Frankfurter Allgemeine, 07.06.1978.

305 Vgl. Jäger, 1987, S. 25.

306 o.A.: Maihofer kein guter Verlierer, in: Handelsblatt, 02.10.1974.

gehandelt werden solle.[307] Der Ausgang der Abstimmung ist damit eine deutliche Abwendung vom Reformkurs.[308]

An der Wahl wird zudem ein anderes Phänomen deutlich. Durch die mediale Darstellung und die Imagekampagne der FDP hatte es Ende der sechziger Jahre eine verzerrte Wahrnehmung der Akzente und Schwerpunkte der Liberalen gegeben:

> *Ihre Einbettung in den Zeitgeist ließ damals den Linksliberalen ihre Kraft stärker erscheinen, als sie tatsächlich war. Als die sozial-liberale Aufbruchsstimmung und der Reformeifer schließlich verflogen waren, blieb ihnen in den zuständigen Gremien nur das mühsame Ringen um die politischen Entscheidungen von Fall zu Fall mit allen Zwängen des Kosten/Nutzen-Kalküls der Koalition. Ohne die programmatisch-ideologische Überhöhung des Bündnisses mit den Sozialdemokraten aber wurde die Koalition für die FDP zu einer reinen Zweckehe. [...] Die richtige Politik ergab sich vielmehr aus den Wahlergebnissen.*[309]

Im Zuge dieser Entwicklung verlieren auch die Freiburger Thesen endgültig ihren Wert: Der Anspruch, in Bundestag und Regierung eine eigenständige liberale Reformpartei zu sein, wird aufgegeben. Statt inhaltlichen Profils zielt die FDP unter Genscher auf eine machtpolitische Einflussmaximierung durch größtmögliche Ämteranhäufung.[310]

C Von Freiburg nach Kiel

Wie bereits angerissen, haben die Freiburger Thesen – Herzstück und Manifestation der gesamten politischen Überzeugung Maihofers – kaum praktische Auswirkungen. Die Kernthesen zur Mitbestimmung werden bereits auf dem

---

307 Vgl. Herrmann, Ludolf: Das Dilemma der FDP heißt Maihofer, in: Deutsche Zeitung, 06.12.1974.

308 Vgl. Schmollinger, 1984, S. 43.

309 Jäger, 1987, S. 114.

310 Vgl. Vorländer, 1986, S. 217f.

namensgebenden Freiburger Parteitag abgeschmettert. Der eigentliche Wert des Programms liegt allein in seiner Symbolhaftigkeit, es dient ausschließlich zur Etablierung und Pflege eines Images (s. Punkt IV.2.4). So schlussfolgern auch Lösche und Walter in ihrer Betrachtung des Programms: „für die praktische Politik war es ohne Belang.“[311] Auch für zeitgenössische Beobachter zeigt sich die eigentliche Natur der Thesen nach dem Umbruchjahr 1974 deutlich: „Ein Schaustück in der Ausstellungsvitrine der FDP. Maßgeschneidert war dieser Anzug eigentlich nur für Maihofer und die jungen Liberalen in der Partei. Dem Scheel-Nachfolger Genscher steht er ganz sicher nicht.“[312] Dementsprechend wenig beachtet bleiben die Thesen: „Die F.D.P. ist zwar eine sozialliberale Programmpartei gewesen, doch handlungsweisend für die politische Praxis der Partei waren die zum Teil sehr bemerkenswerten [...] Programme nicht.“[313]

Schon drei Jahre später wird ein neues, medial weniger beachtetes Programm eingeführt. Die so genannten Kieler Thesen[314] zielen in eine vollkommen andere Richtung als das Programm von 1971. Statt Kapitalismuskritik und sozialer Fragen stehen nun – passend zur neuen Ausrichtung der Partei – wirtschaftsliberale Ansichten im Vordergrund: „1977 hatten die *Kieler Thesen* zur Wirtschaftspolitik bereits die gesellschaftspolitischen Ansprüche der Freiburger Thesen zurückgedrängt und den Nachdruck wieder auf das Bekenntnis zu privat- und marktwirtschaftlichen Problemlösungsstrategien gelegt.“[315] Sie besiegeln damit endgültig den Endpunkt der sozialliberalen Ära der FDP.[316] Damit sind auch die Tage für Werner Maihofer unwiderruflich gezählt.

---

311 Lösche/Walter, 1996, S. 90.

312 Serke, Jürgen: Vorsicht, denkender Minister!, in: Stern, 27.06.1974.

313 Vorländer, 1986, S. 220.

314 Freie Demokratische Partei, 1977.

315 Søe/Vorländer, 1987, S. 176.

316 Vgl. Bracher: Politik und Zeitgeist, 1986, S. 114.

VI.2.3 Der koalitionsinterne Wandel

A Von Brandt zu Schmidt

Das Klima verändert sich für Maihofer nicht nur innerhalb seiner Partei, sondern auch im Umfeld des Kabinetts, wo er unter Brandt noch häufig Wohlwollen und Unterstützung findet. Die Zusammenarbeit mit dem neuen Kanzler Helmut Schmidt erweist sich für ihn jedoch als bedeutend schwieriger als mit dessen Vorgänger. Von Beobachtern wird Maihofer vom „Bannerträger der sozialliberalen Koalition“[317] unter Brandt fast reißerisch zur „Problemfigur“[318] des neuen Kabinetts auserkoren. Dieser Eindruck wird verstärkt durch die mediale Ausschlachtung von sachlichen, aber auch persönlichen Differenzen zwischen dem Innenminister und seinem neuen Regierungschef.[319] Mit Vorgänger Brandt war Maihofer bestens ausgekommen – zu dessen Verabschiedung hatte er sogar als Zeichen seiner persönlichen Betroffenheit eine schwarze Krawatte getragen.[320] Mit dem Abgang Brandts kündigt sich bereits der Fall Werner Maihofers an. Sowohl in der Arbeitsweise als auch in ihrer politischen Philosophie hatten beide miteinander harmoniert. Zu Kanzler Helmut Schmidt erweist sich Maihofer jedoch als genaues Gegenteil:

> *Denn die Differenz zwischen Schmidts rigoroser Effizienz und Maihofers akademischer Eloquenz, zwischen dem Mann des Machbaren und dem Mann der Denkmodelle, zwischen dem Exekutor des Ernstfalls und dem Advokaten des Idealfalls ist […] offenkundig […].*[321]

---

317 Kailitz, 2001, S. 465.

318 Melder, Heinz-Joachim: Maihofer – die Problemfigur des Kabinetts, in: Die Welt, 19.11.1974; vgl. auch Schreiber, Hermann: Ein Quadflieg als Sheriff, in: Der Spiegel, 09.12.1974; Kailitz, 200, S. 465.

319 Vgl. o.A.: Aussprache brachte Teilerfolg, in: Frankfurter Rundschau, 26.11.1974; vgl. auch Löffelholz, Thomas: Reformdenker im Kabinett der Macher, Stuttgarter Zeitung, 09.12.1974.

320 Vgl. Neumeier, Eduard: Ein Durchbruch für Minister Maihofer, in: Die Zeit, 28.02.1975.

321 Schreiber, Hermann: Ein Quadflieg als Sheriff, in: Der Spiegel, 09.12.1974.

Die beiden unterschiedlichen Charaktere können sich dabei keineswegs ergänzen, sondern geraten immer wieder aneinander. Schmidt nutze dabei, so Medienberichte, jede Gelegenheit, „den neuen Mann seine Abneigung spüren zu lassen."[322] Höhepunkt der Auseinandersetzungen ist die so genannte Fernsehschelte des Kanzlers. In einem Interview äußert sich Schmidt äußerst herablassend über seinen Minister: Maihofer arbeite sich in viele ihm bisher unbekannte Themengebiete ein, seine Kollegen versuchten, „'ihm dabei zu helfen'".[323] Tatsächlich stehen eben diese Kollegen in Konfliktsituationen jedoch zumeist auf Seiten des Kanzlers, Loyalität spürt Maihofer selten.[324] Allgemein drängt sich für Beobachter der Eindruck auf, „daß der liberale Reformdenker ein Fremdkörper im Kabinett der Macher ist, ganz anders als im Reformkabinett Brandt."[325] So wird in Bonn bereits Ende 1974 darüber spekuliert, wie lange Maihofer „noch die Nerven behalten wird."[326]

Maihofer fühlt sich von der Politik des neuen Kanzlers eingeengt. Die rigorosen Sparpläne Schmidts bedeuten das Ende der Reformpläne aus der Ära Brandt, an denen aber gerade sein Herz hängt. Er fühlt sich von der Regierungsspitze mitunter vorsätzlich ungerecht behandelt, wird zunehmend verbittert und Koalitions-skeptisch.[327] Der Entwicklungstrend läuft gegen ihn und Maihofer verliert langsam aber sicher den Ehrgeiz und die Lust an der Berufspolitik.

B Von Protektion zu Isolierung

Die personellen Veränderungen in Partei und Koalition führen zu einer Neuordnung der Machtverhältnisse – für Maihofer schmerzlich spürbar durch eine Verschiebung seiner eigenen Stellung. Ein Grund für seine schwindende

---

322 o.A.: Alle Menschen sind gut, in: Der Spiegel, 09.12.1974.

323 o.A.: Aussprache brachte Teilerfolg, in: Frankfurter Rundschau, 26.11.1974.

324 Vgl. Löffelholz, Thomas: Reformdenker im Kabinett der Macher, Stuttgarter Zeitung, 09.12.1974; vgl. auch Herrmann, Ludolf: Das Dilemma der FDP heißt Maihofer, in: Deutsche Zeitung, 06.12.1974.

325 Löffelholz, Thomas: Reformdenker im Kabinett der Macher, Stuttgarter Zeitung, 09.12.1974.

326 Beöczy, Siegfried von: In Bonn regiert bedrücktes Schweigen, in: Stuttgarter Nachrichten, 11.12.1974.

327 Vgl. o.A.: Spaß vorbei, in: Der Spiegel, 14.07.1975.

Stärke: Die drei wichtigsten Wegbereiter seines Aufstiegs verschwinden aus verschiedenen Gründen von der politischen Bühne: Der angesehene Linksliberale Karl-Hermann Flach stirbt im August 1973 überraschend. Einen Nachfolger seines Profils gibt es in der FDP nicht. Das speziell für ihn geschaffene Amt des Generalsekretärs bleibt zunächst vakant. Und auch für Maihofer kann niemand die Lücke, die Flach hinterlässt, füllen.

Walter Scheel überlässt seine Ämter – das Außenministerium, das Amt des Vizekanzlers sowie den Parteivorsitz der FDP – dem aufstrebenden Hans-Dietrich Genscher, sehr zum Bedauern Werner Maihofers. Scheel bleibt zwar als Bundespräsident der Politik erhalten, das rein repräsentative Amt bringt jedoch einen erheblichen Verlust an Einfluss und Bedeutung für Partei und Regierung mit sich. Mit dem Wegfallen von Flach und Scheel als Stützen des sozialliberalen Kurses steht Maihofer in den ersten Reihen der FDP als überzeugter Sozialliberaler allein auf weiter Flur.[328]

Willy Brandt ist politisch und gesundheitlich stark angeschlagen und wird von Helmut Schmidt im Posten des Bundeskanzlers abgelöst. Er bleibt zwar im Vorsitz der SDP, für die Zusammenarbeit mit den Liberalen jedoch ist er nicht mehr von zentraler Bedeutung. Mit Brandts Abgang erlischt auch das Interesse der SPD-Führung an einer fruchtbaren Zusammenarbeit mit der FDP, so empfindet es Maihofer.[329]

Diese Entwicklung beendet auf einen Schlag das Protektorat für Werner Maihofer. Er ist von nun an in Partei und Kabinett auf sich allein gestellt, kann sich nicht mehr auf eine Sonderstellung oder zuverlässige Unterstützer in den höheren Rängen berufen. Stattdessen sieht er sich mit einem neuen Partei- und einem neuen Regierungschef konfrontiert, die beide kaum bereit sind, auf den professoralen Theoretiker Rücksicht zu nehmen.

---

[328] Vgl. Vorländer, 1986, S. 217f.

[329] Vgl. Werner Maihofer im Gespräch mit der Autorin am 10.03.2008.

VI.3 Persönliches – Der linksliberale Polizeiminister

VI.3.1 Das Innenministerium als Bürde

Als Innenminister kann Werner Maihofer sein erfolgreiches Arbeiten in der Form, wie es ihm als Sonderminister gelungen war, nicht fortsetzen. Hierfür sind unterschiedliche Faktoren verantwortlich: Zum einen steht sein persönlicher Arbeitsstil im Gegensatz zu den Herausforderungen, die das Innenministerium mit sich bringt. Zum anderen besteht ein Widerspruch zwischen den politischen Maßnahmen, die aus aktueller Sicht angebracht erscheinen, und Maihofers eigentlichen politischen Grundsätzen.

Der neue Innenminister selbst geht zunächst durchaus selbstbewusst an die Aufgabe heran, scheint überzeugt von seiner Qualifikation für das Amt. Seine Begeisterung für Sport, Musik und Literatur erleichterten nach eigener Einschätzung den Zugang zu den Zuständigkeitsbereichen des Ressorts. In seiner Zeit beim Militär erkennt er eine Parallele zur Verantwortung für den Bundesgrenzschutz; die langjährige Erfahrung als Jurist sei vorteilhaft für die Arbeit mit Bundeskriminalamt und Verfassungsschutz. Jedoch erscheinen diese Kriterien als ernstzunehmende Qualifikationsgründe unzureichend. Eines steht fest: „all dies sind zunächst nur gute Voraussetzungen – einen erfolgreichen Politiker machen sie allein noch nicht aus.“[330]

Als Sonderminister wirkt Maihofer durch seine beratende Tätigkeit und das sorgfältige Abwägen von Problemen, vor allem in der direkten Zusammenarbeit mit Brandt und Scheel. In dieser Funktion erarbeitet er sich als liberaler Chefdenker Ansehen und Respekt. Er bewegt sich stets in seinem überschaubaren Kreis von Mitarbeitern, arbeitet als „Seminarist im Ministerrang“.[331] Dies ändert sich nun von Grund auf, denn das Innenministerium erweist sich als extremes Gegenteil zum vorigen Arbeitsumfeld: Im „Haus der

330 Neumeier, Eduard: Ein Durchbruch für Minister Maihofer, in: Die Zeit, 28.02.1975.

331 Fromme, Friedrich-Karl: Werner Maihofer: Bis zuletzt ein Mann der eigenen Entschlüsse, in: Frankfurter Allgemeine, 07.06.1978.

tausend Zuständigkeiten“[332] arbeiten unzählige Beamte und Staatsekretäre, die nicht zu den persönlichen Vertrauten Maihofers zählen. Außerdem landen Tag für Tag neue, dringliche Probleme und Fragen auf seinem Schreibtisch, die es anzugehen heißt.[333] In vielerlei Hinsicht ist Maihofer aber auch

> *ein Opfer Hans-Dietrich Genschers [...]. Der hatte davon profitiert, daß er in einer Zeit vermeintlicher Werteauflösungen das Bedürfnis nach gesicherter Ordnung befriedigte und dem der politische Instinkt den Weg wies – auch in die Öffentlichkeit. Genscher griff umtriebig alle Probleme auf [...]. Maihofer kann derzeit nur noch wenig Neues schöpfen. Er muss die etwas stacheligen Hinterlassenschaften seines Vorgängers ordnen, und das heißt in den meisten Fällen: verscharren.*[334]

Von der Arbeitsweise und der enormen Aufgabenfülle, die ihn somit erwartet, ist Maihofer überfordert. Dies bleibt von seinem politischen Umfeld, das ihn zum Teil argwöhnisch beäugt, nicht unbemerkt und unkommentiert: Schon bald nach der Ernennung muss er sich beispielsweise Vorwürfen der Innenminister der Länder stellen, er greife bei der Bekämpfung des Terrorismus in Deutschland nicht hart genug durch.

Der debattierfreudige, sanftmütige Maihofer findet sich in seiner neuen Rolle einfach nicht zurecht. Entschlossenheit und Härte gehören nicht zu seinen persönlichen Stärken.[335] Es fällt ihm schwer, das Wichtige vom Unwichtigen zu trennen, Taktik ist ihm ein Fremdwort.[336] Maihofer scheitert damit bereits an den strukturellen Gegebenheiten des Ministeriums. Dies sticht vor allem durch den direkten Kontrast zu seinem erfolgreichen Amtsvorgänger ins Auge:

---

332 Herrmann, Ludolf: Das Dilemma der FDP heißt Maihofer, in: Deutsche Zeitung, 06.12.1974.

333 Vgl. Fromme, Friedrich-Karl: Werner Maihofer: Bis zuletzt ein Mann der eigenen Entschlüsse, in: Frankfurter Allgemeine, 07.06.1978.

334 Neumeier, Eduard: Ein Durchbruch für Minister Maihofer, in: Die Zeit, 28.02.1975.

335 Vgl. Melder, Heinz-Joachim: Maihofer – die Problemfigur des Kabinetts, in: Die Welt, 19.11.1974.

336 Vgl. Herrmann, Ludolf: Das Dilemma der FDP heißt Maihofer, in: Deutsche Zeitung, 06.12.1974.

> *Maihofer paßt ganz und gar nicht in das allgemeine Verständnis von der Rolle des Bundesinnenministers. Insbesondere weil sie vorher mit Genscher besetzt war. Maihofer hat nichts direkt falsch gemacht. An Genscher gemessen, ist er aber absolut unterlegen in der Taktik. Säumig scheint er dort zu sein, wo es anzupacken gilt, wo Entscheidungen fallen müssen.*[337]

Der Habitus eines Befehlshabers ist ihm fremd – genau diese Haltung verlangt jedoch die Führung eines Ministeriums wie das des Inneren.[338] Maihofer hingegen verkörpert das genaue Gegenteil, gilt als „unbekümmert und allzu weichherzig".[339] Als problematisch erweist sich zusätzlich, dass er trotz dieser Mängel ein ausgeprägtes Selbstbewusstsein besitzt. In den Medien werden ihm ein Hang zum „Recht-haben-Wollen"[340] sowie eine ausgeprägte Beratungsresistenz nachgesagt.[341] Er ist eben kein Ritualist oder Koordinator im Verständnis der Einteilung von Politikerrollen nach Gerlich und Kramer, die 1969 eine Studie über Parlamentarier durchführen. Seine Rolle ist vielmehr die des Initiators – und zwar ausschließlich diese.[342]

Bald hagelt es von allen Seiten Kritik: Aus den konservativen Rängen der FDP, vom Koalitionspartner und von Seiten der Medien wird ihm vorgeworfen, sein Ministerium nicht unter Kontrolle zu haben.[343] Mit dieser Situation der Überforderung kommt der Professor nicht zurecht, die Kritik trifft ihn

---

337 Melder, Heinz-Joachim: Maihofer – die Problemfigur des Kabinetts, in: Die Welt, 19.11.1974.

338 Vgl. Merz, 2001, S. 46.

339 Jäger, 1987, S. 116.

340 Fromme, Friedrich Karl: Der Sozialliberale, in: Frankfurter Allgemeine, 04.10.1974.

341 Vgl. Melder, Heinz-Joachim: Maihofer – die Problemfigur des Kabinetts, in: Die Welt, 19.11.1974.

342 Vgl. Gerlich, Peter und Kramer, Helmut: Abgeordnete in der Parteiendemokratie: eine empirische Untersuchung des Wiener Gemeinderates und Landtages, München, Oldenbourg, 1969, S. 179; vgl. auch von Beyme, Klaus: Die politische Elite in der Bundesrepublik Deutschland, München, 1971, S. 115.

343 Vgl. Sobczyk, 1982, S. 78; vgl. auch Melder, Heinz-Joachim: Maihofer – die Problemfigur des Kabinetts, in: Die Welt, 19.11.1974; Herrmann, Ludolf: Das Dilemma der FDP heißt Maihofer, in: Deutsche Zeitung, 06.12.1974; Zundel, Rolf: Maihofer – ein Idol ist zerstört, in: Die Zeit, 11.03.1977; o.A.: In der FDP nimmt die Kritik and Minister Maihofer zu, in: Die Welt, 29.05.1978.

persönlich: „Mehr und mehr wirkte Maihofer nur wie ein kraftloser, zerbrochener Mann, den nur noch die trotzige Bereitschaft zur Pflichterfüllung durchhalten ließ.“[344]

Auch die inhaltlichen Anforderungen und kontextuellen Besonderheiten, die sich aus dem politischen Klima und den tagesaktuellen Ereignissen von Maihofers Zeit als Innenminister ergeben, erschweren die Ausübung des Amtes. Maihofers oft zitierter liberaler Leitsatz lautet „Im Zweifel für die Freiheit“.[345] Diese Überzeugung ist es, der er seine Glaubwürdigkeit, sein Ansehen und seine Hausmacht verdankt. In der Hochphase des linken Terrors in Deutschland und in Anbetracht des Konservativtrends im politischen Klima kann Maihofer dieses Motto als Innenminister aber kaum vertreten. Die tagespolitischen Ereignisse zwingen ihn dazu, seine freiheitliche Linie zu verlassen.

Die Jahre 1974 bis 1978 sind in Deutschland gekennzeichnet vom linken Terrorismus der Rote Armee Fraktion (RAF). „Über der Amtszeit Maihofers lag der bleierne Schatten terroristischer Anschläge; der - erzwungene – Schwerpunkt war die innere Sicherheit.“[346] Als Innenminister muss Maihofer auf diese Bedrohung reagieren, er hat keine andere Wahl. Schnelle, medienwirksame Erfolge sind auf diesem Gebiet jedoch kaum zu erzielen, die Terroristen halten Deutschland permanent in Atem.[347] Die ironisch anmutende Konsequenz: Gerade er, das liberale Aushängeschild der Regierung, muss für eine drastische Verschärfung der Gesetze eintreten, die „aus liberaler Sicht bedenklich“[348] erscheinen. Gemeint ist beispielsweise das Kontaktsperregesetz, das den Inhaftierten den Umgang mit ihren Anwälten verbietet. Mit Maihofers eigenen politischen Vorstellungen ist dies schwer vereinbar, er „leidet unter den Zwiespälten, in denen er sich immer häufiger entgegentritt.“[349] Damit steht er im starken Kontrast zu seinem Vorgänger Genscher, der sich mit dem Bild

---

344 Krumm, Karl-Heinz: Wo andere prügelten, wollte er noch streicheln, in: Frankfurter Rundschau, 08.06.1978.

345 Sobczyk, 1982, S. 78; vgl. auch Zundel, Rolf: Maihofer – ein Idol ist zerstört, in: Die Zeit, 11.03.1977; o.A.: Fall Maihofer: ‚Um Kopf und Kragen', in: Der Spiegel, 07.03.1977.

346 Kailitz, 2001, S. 463.

347 Vgl. o.A.: Alle Menschen sind gut, in: Der Spiegel, 09.12.1974.

348 Leuschner, 2005, S. 130.

349 Herrmann, Ludolf: Das Dilemma der FDP heißt Maihofer, in: Deutsche Zeitung, 06.12.1974.

des Polizeiministers durchaus positiv profilieren konnte.[350] Maihofers Image jedoch leidet unter diesen Gegensätzen. Es fällt ihm schwer, seine Grundsätze mit seinen Handlungen zu vereinbaren und noch schwerer, dies seiner Anhängerschaft verständlich zu machen.

So kommt es, dass Vorwürfe bald auch aus den Reihen der Linksliberalen laut werden.[351] Maihofer sieht sich in dieser Situation unter Beschuss von zwei gegensätzlichen politischen Lagern zugleich: Die Rechte wirft ihm zu wenig Durchschlagkraft gegen den Terrorismus vor, die Linke wiederum hält ihn für den Wegbereiter des Überwachungsstaates. Recht machen kann Maihofer es in diesen Tagen kaum jemandem. Für seine Position in der FDP hat dies fatale Folgen: Der linke Flügel, seine eigentlich loyale Anhängerschaft, entzieht ihm endgültig die Unterstützung.[352] Damit verliert Maihofer seine für die Parteispitze einzig relevante strategische Position innerhalb der Partei als Exponent des Reformerflügels.

Das allgemeine Urteil über Maihofers Arbeit als Innenminister ist bereits nach sieben Monaten gefällt und auf fast irrationale Weise unbarmherzig: „Obwohl noch niemand ihm eine Panne oder ein Versagen nachweisen konnte, gilt er bereits als erfolgloser Politiker."[353]

VI.3.2 Das Justizministerium als unerreichbare Alternative

Eine Tatsache bedarf in diesem Zusammenhang besonderer Hervorhebung: Maihofer ist ursprünglich überhaupt nicht für das Innenministerium vorgesehen. Mehrere Quellen deuten auf sein ursprünglich angestrebtes Ziel hin: „Justizminister wollte er werden, und hielt sich selber für einen der Besten auf diesem Stuhl."[354] Beobachter seiner Karriere erkennen früh seine Affinität und auch seine Eignung für diesen Bereich: „Die FDP hätte mit ihm die Chance

350 Vgl. o.A.: Alle Menschen sind gut, in: Der Spiegel, 09.12.1974.

351 Vgl. ebd.

352 Vgl. Kailitz, 2001, S. 464.

353 o.A.: Alle Menschen sind gut, in: Der Spiegel, 09.12.1974.

354 Sänger, Hartmut: Werner Maihofer – der große Obskure, in: Bayern Kurier, 03.11.1973; vgl. auch Löffelholz, Thomas: Reformdenker im Kabinett der Macher, Stuttgarter Zeitung, 09.12.1974.

gehabt, sich im Justizressort in die Nachfolge Dehlers zu stellen.“[355] Die Jungdemokraten wähnen Maihofer bereits in diesem Amt und auch Regierungschef Helmut Schmidt plant Maihofer zunächst für den Posten ein.[356] Auch FDP-interne Akten belegen, dass noch 1973 der Name Maihofer in Verbindung mit dem Justizministerium fällt.[357] Letztendlich sind es machtpolitische Einwände der Genscher'schen FDP, die gegen den logisch erscheinenden Schritt sprechen:

> *Sich mit dem Justizministerium zu begnügen hätte für die Liberalen einen Qualitätsverlust ihrer Ministerämter bedeutet. So lehnte man das Justizministerium ab [...] und da Werner Maihofer als Vertreter des linken Parteiflügels im Kabinett bleiben musste, wurde er ‚zwangsläufig' Innenminister.*[358]

Anhand dieser Entscheidung zeigt sich erneut, dass Maihofers eigentlicher Wert für die FDP rein repräsentativ ist, seine fachlichen Qualitäten weit weniger wiegen als seine funktionale Bedeutung innerhalb der liberalen Flügelkämpfe.

Dabei erscheint der Verantwortungsbereich des Justizministers wie für Maihofer gemacht, er ist für die Aufgabe hoch qualifiziert.[359] Verstärkt wird dies durch eine strukturelle Besonderheit des Justizministeriums: Tatsächlich ist fast ausschließlich in diesem Bereich ein Experte wie Maihofer überhaupt gefragt. Andere Ministerien, wie eben auch das Innenministerium, verlangen

---

355 Diederichs, Werner: Freiburger FDP-Thesen tragen auch Maihofers Handschrift, in: Die Welt, 13.12.1972.

356 Vgl. Baring, 1982, S. 517.

357 Vgl. Briefwechsel zwischen Karl-Hermann Flach und dem FDP-Mitglied G. Labes, ADL, Bestand Karl-Hermann Flach, N 47 104.

358 Löffelholz, Thomas: Reformdenker im Kabinett der Macher, Stuttgarter Zeitung, 09.12.1974; vgl. auch Dreher, Klaus: In der FDP hält sich der Ruf nach personellen Konsequenzen, in: Süddeutsche Zeitung, 24.03.1977; Fromme, Friedrich Karl: Der Sozialliberale, in: Frankfurter Allgemeine, 04.10.1974.

359 Vgl. Dreher, Klaus: In der FDP hält sich der Ruf nach personellen Konsequenzen, in: Süddeutsche Zeitung, 24.03.1977.

hauptsächlich nach einem fähigen Manager, einem Generalisten, fachliche Kenntnisse zählen weniger.[360]

Eben hier entscheidet sich das Schicksal Maihofers. Das Justizministerium erfordert einen speziellen Typus von Politiker, es verlangt nach Spezialwissen und Fachkenntnissen. Für Maihofer scheint dies ideal. Denn ein juristischer Fachmann, ein Experte auf seinem Gebiet ist er zweifellos. Ein kalkulierender, entscheidungsfreudiger Organisator jedoch, wie ihn das Innenministerium benötigt, ist er nicht. Maihofer entspricht damit von vornherein nicht den Voraussetzungen, die an einen erfolgreichen Innenminister gestellt werden.

Es bleibt zu spekulieren, ob seine Laufbahn als Justizminister erfolgreicher verlaufen wäre als die des Innenministers Werner Maihofer. Vieles deutet jedoch darauf hin. Auf dem weiteren Weg der Mutmaßung wäre sogar zu diskutieren, ob Maihofer als graue Eminenz im Hintergrund des Politikgeschäfts am ehesten mit seinen diskursiven Stärken hätte überzeugen können. Möglicherweise hätte er ohne die institutionellen Zwänge des Innenministeriums auch sein Charisma für eine längere Zeit bewahren können.

VI.3.3 Die Affäre Traube als Anfang vom Ende

Das erste Ereignis, das Maihofers Rücktritt einleitet, ist die so genannte Lauschaffäre Traube. Sie ist der spürbare Beginn seines rapiden Abstiegs. Der Verfassungsschutz installiert Ende 1975 Abhörwanzen in der Wohnung des Atomphysikers Klaus Traube, der angeblich Kontakte zu Mitgliedern der RAF unterhält. Der Verdacht erhärtet sich nicht, die durchgeführte Maßnahme ist illegal – anscheinend jedoch gebilligt von Innenminister Maihofer. Zumindest stellt der sich nach Bekanntwerden der Operation vor seine Mitarbeiter.

Am 28. Februar 1977 wird der Fall durch eine Titelgeschichte des SPIEGEL publik gemacht und Maihofer befindet sich in Erklärungsnot.[361] Gerade er, der die Freiheit immer zum höchsten Gut erklärt hat, der das „liberal[e]

---

360 Vgl. Kempf, Udo: Die Regierungsmitglieder als soziale Gruppe, in: Kempf, Udo und Merz, Hans-Georg (Hrsg.): Kanzler und Minister 1949 – 1998, Wiesbaden 2001, S. 7-35, S. 34f; vgl. auch von Beyme, 1971, S. 113.

361 Vgl. o.A.: Der Minister und die ‚Wanze', in: Der Spiegel, 28.02.1977.

Gewissen der Freien Demokraten“[362] verkörpert, steht nun da als Personifizierung des Überwachungsstaates.[363]

Die Empörung in der eigenen Gefolgschaft ist groß: Jusos und Liberaler Hochschulbund – dem Minister bis dahin wohl gesonnen – fordern dessen Rücktritt.[364] Bezeichnend ist, dass sich auch das junge Parteivolk der FDP, die Judos, enttäuscht von seinem vormaligen Hoffnungsträger abwendet.[365] „Der Garant penibelster Verfassungstreue ist in den Augen seiner Freunde plötzlich in eine Ecke geraten, in die man sonst nur [Franz-Josef] Strauß und [Alfred] Dregger stellt.“[366] Mittlerweile steht Maihofer von allen politischen Lagern unter Dauerbeschuss. Selbst liberale Medien wie DER SPIEGEL fallen in den Chor der Rücktrittsforderungen ein.[367]

Für die FDP-Taktiker ist Maihofer nun, da sogar seine eigenen Anhänger den Rücktritt fordern, als Symbol der Linksliberalen endgültig nicht mehr einzusetzen. Dabei hatte Maihofers sozialliberale Basis als durchaus solide gegolten. Besonders für einen politischen Seiteneinsteiger hatte er sich eine beachtliche Hausmacht erarbeitet. Das Pikante an seiner Gefolgschaft ist jedoch ihre enorm ideologisierte, linksliberale Ausrichtung. Als Innenminister steht Maihofer für sie fast in jeder Sachfrage – sei es beispielsweise bezüglich der Atomkraft oder der Terrorismusbekämpfung – auf der falschen Seite. Mit der Affäre Traube verliert Maihofer endgültig seine Basis in der FDP.[368] Beim Gros der Partei finden Maihofers politische Konzepte ohnehin schon lange keinen Anklang mehr. Damit ist er für die FDP strategisch und programma

---

362 Goos, Diethart: Die innerparteiliche Machtprobe steht Maihofer noch bevor, in: Die Welt, 04.03.1977.

363 Vgl. o.A.: Fall Maihofer: ‚Ohren anlegen und durch', in: Der Spiegel, 14.03.1977.

364 Vgl. Löffelholz, Thomas: Maihofer – ohne Grundgesetz unter dem Arm?, in: Stuttgarter Zeitung, 04.03.1977.

365 Vgl. o.A.: Bonn vor der Entscheidung über das politische Schicksal Maihofers, in: Frankfurter Allgemeine, 08.03.1977.

366 Löffelholz, Thomas: Maihofer – ohne Grundgesetz unter dem Arm?, in: Stuttgarter Zeitung, 04.03.1977.

367 Vgl. Augstein, Rudolf: No, Sir!, in: Der Spiegel, 07.03.1977.

368 Vgl. Löffelholz, Thomas: Seit Traubes Wanze wackelt Maihofers Stuhl, in: Stuttgarter Zeitung, 05.06.1978.

tisch wertlos. Und auch Regierungschef Schmidt stellt sich nur ungern hinter seinen Innenminister.[369]

Deutlich wird Maihofers Entmachtung auch an seiner eigenen Konsequenz aus der Affäre: Er verzichtet auf die weitere Führung der Perspektivkommission der FDP, die an einem Grundsatzprogramm der Partei arbeitet – also seinem ureigenen Metier. Dabei gilt diese als das noch wertvollste Organ des linksliberalen Flügels.[370]

An dieser Stelle lässt sich ein Rückbezug zu der Tatsache herstellen, dass Maihofer während seines Aufstiegs als charismatischer Führer eingestuft wird. Denn hier lässt sich erkennen, wie seine Herrschaftsgrundlage schwindet: Im Innenministerium besteht Maihofer die Bewährungsproben nicht, seine Anhänger fühlen sich enttäuscht und entziehen ihm die Unterstützung. In Webers Worten: „Erkennen diejenigen, an die [der charismatische Führer] sich gesandt fühlt, seine Sendung nicht an, so bricht sein Anspruch zusammen. Erkennen sie ihn an, so ist er ihr Herr, solange er sich durch ‚Bewährung' die Anerkennung zu erhalten weiß."[371]

Dennoch übersteht Maihofer die Krise, bleibt noch über ein Jahr im Amt. Dies erscheint paradox, da die Konstellation von politischem Klima, Parteilinie und Tagespolitik, wie herausgearbeitet, auf sein unmittelbares politisches Ende hindeutet. Dass Maihofer noch bis zum 6. Juni 1978 Innenminister bleibt, hat jedoch seine Gründe. Diese werden im folgenden Abschnitt als *Retardierendes Moment,* das heißt als bremsender Faktor im Absturz des Liberalen, identifiziert.

---

369 Vgl. o.A.: Fall Maihofer: ‚Um Kopf und Kragen', in: Der Spiegel, 07.03.1977.

370 Vgl. Goos, Diethart: Die innerparteiliche Machtprobe steht Maihofer noch bevor, in: Die Welt, 04.03.1977; o.A.: Perspektivlos?, in: Stuttgarter Zeitung, 05.04.1977.

371 Weber, 1972, S. 655.

VII Retardierendes Moment – Maihofers Fall wird gebremst

Die unterschiedlichen politischen Akteure haben aus verschiedensten Gründen ein Interesse daran, Maihofer nach der Abhöraffäre schonend zu behandeln. Kritik an Maihofer hagelt es zwar von allen Seiten, doch ist „auffällig, daß sie nicht von Personen oder Gruppen kam, die sich in unmittelbarer politischer Verantwortung befinden."[372] Sowohl die Regierungs- als auch die Parteispitze schützt ihren Innenminister: Genscher ergreift sofort Partei für seinen Nachfolger, bemüht sich, die Basis zu beschwichtigen.[373] Darüber hinaus bringt er seinem Vorgänger ausdrücklich „'Respekt und nicht Kritik'"[374] entgegen und spricht ihm im Namen des Präsidiums das volle Vertrauen aus. Und auch Schmidt verkündet schließlich seine Loyalität gegenüber Maihofer.[375]

Dieses Verhalten lässt sich folgendermaßen erklären: Die Regierungspartner sind 1977 noch darum bemüht, die Koalition aufrecht zu erhalten. Eine eindeutige Tendenz in Richtung schwarz-gelber Koalition findet erst nach der erneuten Bestätigung des Bündnisses 1980 statt. Für FDP und auch SPD ist es 1977 daher immens wichtig, das öffentlich wirksame Aushängeschild der sozial-liberalen Vereinigung nicht zu verlieren.[376] Die Regierungsspitze sehnt nichts mehr herbei als endlich einmal „Ruhe und Frieden".[377] Also stellt sich die Koalition in „mühsamer Solidarität"[378] hinter Maihofer.

---

372 o.A.: Bonn vor der Entscheidung über das politische Schicksal Maihofers, in: Frankfurter Allgemeine, 08.03.1977.

373 Vgl. o.A.: Fall Maihofer: ‚Um Kopf und Kragen', in: Der Spiegel, 07.03.1977; vgl. auch Tönshoff, Lothar: Maihofer, Wehner, die Wanzen und das wachsende Geraune in Bonn, in: Berliner Morgenpost, 12.03.1977.

374 Gerwald, Josef M.: Vertrauen für Maihofer, in: Freie Demokratische Korrespondenz, 08.03.1977.

375 Vgl. Zundel, Rolf: Maihofer – ein Idol ist zerstört, in: Die Zeit, 11.03.1977.

376 Vgl. o.A.: Fall Maihofer: ‚Um Kopf und Kragen', in: Der Spiegel, 07.03.1977.

377 o.A.: Fall Maihofer: ‚Ohren anlegen und durch', in: Der Spiegel, 14.03.1977.

378 Zundel, Rolf: Maihofer – ein Idol ist zerstört, in: Die Zeit, 11.03.1977.

Auch die Oppositionsparteien verhalten sich auffällig ruhig. Dies liegt laut Beobachtern vor allem daran, dass der zukünftige Wunsch-Koalitionspartner FDP geschont werden soll.[379] Die WELT AM SONNTAG deutet das Verhalten der Unionsparteien dagegen als weniger harmonisierend und zitiert einen CDU-Abgeordneten: „'Warum sollen wir da noch etwas unternehmen? Maihofers Stellung ist doch völlig ramponiert. Das ist ein Selbstläufer.'“[380] CSU-Politiker sollen sogar Herbert Wehner hinter der Traube-Enthüllung vermuten, der so versuche, Spannungen zwischen Union und Liberalen hervorzurufen, um das eigene rot-gelbe Bündnis zu stärken.[381] Diese Vermutung – wahrscheinlich versehen mit einem Augenzwinkern – lässt sich anhand der vorliegenden Quellen weder bestätigen noch widerlegen.

Wichtig ist jedoch für alle Beteiligten auch die Stimmung in der Bevölkerung: Sicherheit rangiert im Wählerempfinden Ende der siebziger Jahre weit vor Freiheit; und dessen sind die Spitzenpolitiker sich durchaus bewusst.[382] Im Auftrag der Regierung wird sogar eigens eine Blitzumfrage durchgeführt, die belegt, dass die Mehrheit der Deutschen das Verhalten Maihofers für angemessen hält.[383] Zu harte Konsequenzen für Maihofer würden damit dem eigenen Ansehen zusätzlich schaden.

Ein weiterer, rein pragmatischer Grund spricht zwingend dafür, dass Maihofer seinen Posten behält: In der FDP ist weit und breit kein Nachfolger für das Amt in Sicht. Für die allgemein angeschlagene Koalition kann eine Verschiebung der Spitzenpolitiker zu diesem Zeitpunkt eine enorme Gefährdung bedeuten, jede Veränderung kommt einer Zerreißprobe gleich.[384] Maihofer profitiert von dieser personellen Notlage: Er darf zunächst bleiben. Politisch jedoch ist er bereits jetzt „zur Strecke gebracht“.[385]

---

379 Vgl. o.A.: Fall Maihofer: ‚Um Kopf und Kragen', in: Der Spiegel, 07.03.1977.

380 Mumme, Gerd: Zum zweitenmal verliert die FDP-Linke ihren Kopf, in: Welt am Sonntag, 13.03.1977.

381 Vgl. o.A: Abhör-Affäre: die Koalition schlingert, in: Der Spiegel, 21.03.1977.

382 Vgl. o.A.: Fall Maihofer: ‚Um Kopf und Kragen', in: Der Spiegel, 07.03.1977.

383 Vgl. o.A.: Fall Maihofer: ‚Ohren anlegen und durch', in: Der Spiegel, 14.03.1977.

384 Vgl. Zundel, Rolf: Maihofer – ein Idol ist zerstört, in: Die Zeit, 11.03.1977.

385 Ebd.

VIII Katastrophe – Maihofers Karriere-Aus

Der Abstieg Maihofers kündigt sich, wie gezeigt, schleichend an und gewinnt im Verlauf der Zeit zunehmend an Schwung. Mit der Affäre Traube deutet sich die nahende *Katastrophe* bereits an. Vollends manifestiert sie sich Ende des Jahres 1977 bis Mitte 1978: Die sozial-liberale Koalition steht vor ihrem gefühlten – wenn auch nicht parlamentarischen – Ende. Der ohnehin stark angeschlagene Innenminister wird durch eine weitere Affäre erneut persönlich belastet. Letztlich ist es jedoch ein mit Maihofer selbst wenig verquicktes Ereignis, das ihm das politische Genick bricht: Der unglückliche Ausgang für die Liberalen der Landtagswahlen in Hamburg und Niedersachsen des Jahres 1978. Eine detaillierte Analyse der *Katastrophe* folgt im anschließenden Abschnitt.

VIII.1 Das gefühlte Ende der Koalition

Obwohl das Bündnis von Schmidt und Genscher bis 1982 fortbesteht, beginnt spätestens ab 1978 die aktive Vorbereitung der so genannten Wende, des Zusammenschlusses der Liberalen mit der CDU/CSU unter Helmut Kohl.[386] Anhand einer Aussage des FDP-Vorsitzenden lässt sich ablesen, wie definitiv sich die Partei bereits 1978 vom sozialliberalen Kurs entfernt hat. Das genaue Ende der Zusammenarbeit ist vom Meisterstrategen Genscher bereits einkalkuliert:

> *Exakt vier Jahre vor dem Koalitionsbruch, im Herbst 1978, hatte er schon einmal die Inszenierung des Scheidungsdramas erläutert: Dem Bürger müsse klar sein, daß die Partner nicht mehr miteinander können, und den Partnern, daß sie nicht mehr miteinander wollen; und das, so der begnadet gnadenlose Taktiker, dürfe, um den Wähler nicht zu verärgern, nur in der Mitte einer Legislaturperiode sein. Genscher damals, am Abend der Bayern-*

---

[386] Vgl. Søe/Vorländer, 1987, S. 176.

Wahl 1978 in der Residenz des Bonner Botschafters in Pretoria: ‚In vier Jahren also.'[387]

Von einem ernsthaften Festhalten an der rot-gelben Regierung kann in den letzten vier Jahren endgültig nicht mehr gesprochen werden.[388] Auch Dittberner schlussfolgert: „Im Nachhinein läßt sich das Jahr 1978 als Beginn der Schlussphase der sozialliberalen Zeit markieren."[389] Damit besteht für eine Person mit Maihofers Profil in der FDP kein Bedarf mehr.

VIII.2 Die Fahndungspanne

Ende 1977 erreicht der linke Terrorismus mit dem Deutschen Herbst seinen Höhepunkt. Terroristen entführen den Arbeitgeberpräsidenten Hanns-Martin Schleyer, um die Freilassung der so genannten ersten Generation der RAF um Gudrun Ensslin und Andreas Baader aus dem Hochsicherheitsgefängnis in Stuttgart Stammheim zu erpressen. Anders als im ähnlichen Entführungsfall des CDU-Politikers Peter Lorenz zwei Jahre zuvor, lässt sich die Bundesregierung nicht auf ein Tauschgeschäft ein. Letztendlich nehmen sich die Häftlinge in ihren Zellen das Leben, Schleyer wird wenig später ermordet aufgefunden. Pikant daran für Innenminister Maihofer: Es gibt während der Gefangenschaft Schleyers einen Hinweis aus der Bevölkerung auf dessen Versteck. Durch Versäumnisse und schlechte Koordination der Ermittlungen wird dem Tipp jedoch nicht konsequent und rechtzeitig nachgegangen, die Geisel kann nicht gerettet werden.

Die Pannen im Fall Schleyer werden durch eine Untersuchungskommission unter Hermann Höcherl aufgearbeitet und im so genannten Höcherl-Bericht veröffentlicht. Dieser fällt für Maihofer vernichtend aus: „Denn seit [...] Hermann Höcherl seinen von der Regierung bestellten Untersuchungsbericht über die Fahndungspannen im Fall Schleyer vorgelegt hat, läßt sich

387 Bickerich, 1982, S. 23.

388 Vgl. Sontheimer/Bleek, 2004, S. 62.

389 Dittberner, 1987, S. 119.

Maihofers Versagen nicht länger verheimlichen."[390] Das Image des Liberalen ist ruiniert. Laut Presseberichten nutzt Genscher die Krise Maihofers, um deutlich zu machen, dass dieser nun endgültig aus dem Kabinett scheiden müsse. Er warte lediglich auf den richtigen Zeitpunkt, sich des lästigen Ministers zu entledigen.[391]

VIII.3 Der Sündenbock muss gehen

Die passende Gelegenheit, Maihofer endgültig los zu werden, bieten die Landtagswahlen in Hamburg und Niedersachsen im Juni 1978. In beiden Bundesländern scheitert die FDP an der Fünf-Prozent-Hürde, ein desaströses Ergebnis. Ohne es ahnen zu können, besiegeln die Wähler mit ihrem Votum das Schicksal ihres Bundesinnenministers endgültig.[392] Denn: Dieser Rückschlag muss erklärt werden, Konsequenzen sind notwendig. Den Liberalen ist jedoch daran gelegen, so wenig politische Köpfe wie möglich rollen zu lassen. Werner Maihofer als Sündenbock darzustellen, hat für die Partei zwei Vorteile: Zum einen ist der lästige Minister endlich aus dem Weg geräumt. Zum anderen wird sichtbar auf die Wahlniederlagen reagiert. [393]

So kommt es, dass sowohl Genscher als auch Lambsdorff ihren Innenminister öffentlich an den Pranger stellen: Die Affären um Maihofer seien für das schlechte Abschneiden verantwortlich.[394] Die Schuldzuweisung verfehlt die beabsichtigte Wirkung nicht. Zwei Tage später tritt Maihofer zurück – offiziell als Konsequenz aus dem Höcherl-Berichts.

Die aktive politische Karriere des Seiteneinsteigers in der FDP ist damit beendet.[395] Doch lässt sich an seinem Weg nicht nur ein individuelles Schicksal ablesen, sondern zudem die Funktionsweise der gesamten Partei: „Die Begeisterung des sozial-liberalen Aufbruchs war im grauen Alltag schwerfälliger Machtverwaltung geschwunden, die viel versprechende Idee an der

390 o.A.: Maihofer: Abgang gesucht, in: Der Spiegel, 05.06.1978.

391 Vgl. o.A.: Maihofer: Abgang gesucht, in: Der Spiegel, 05.06.1978.

392 Vgl. Dreher, Klaus: Ein Zeitzünder vor der Explosion, in: Süddeutsche Zeitung, 05.06.1978.

393 Vgl. Kailitz, 2001, S. 465.

394 Vgl. Jäger, 1987, S. 115.

395 Maihofer kehrt daraufhin wieder in seinen Beruf als Hochschulprofessor zurück.

ernüchternden Realität zerschellt. In dessen Weg spiegelte sich der Sündenfall seiner Partei."[396]

[396] Jäger, 1987, S. 116.

IX Schlussbetrachtung – Symbolwert mit begrenztem Nutzen

Die vorliegende Studie untersucht systematisch die Faktoren, die die Karriere Werner Maihofers beeinflussen. Aus verschiedenen Theorien zur Führungsforschung wurden dabei die Ebenen Umwelt, Institution und Persönlichkeit als relevante Einflüsse identifiziert. Unterteilt in eben diese wurde im Verlauf der Arbeit die politische Laufbahn Werner Maihofers betrachtet. Ein besonderer Schwerpunkt lag dabei auf der Tatsache, dass Maihofer als politischer Seiteneinsteiger gilt. Besonderheiten dieses Phänomens stellten einen kontinuierlichen Fokus bei der Analyse dar.

Eine Nachzeichnung des Verlaufes der Karriere Maihofers gab dabei die äußere Form der Untersuchung vor. Eingeleitet von einem biografischen Teil, erfolgte die Betrachtung des rasanten Aufstiegs, der im Umbruch, der Veränderung der Gesamtlage, kulminierte. Es folgte der rasche Abstieg, aufgehalten durch ein verlangsamendes Moment. Abschließend kam es zum Rücktritt, dem Ende der politischen Karriere. In diesem Aufbau gleicht die vorliegende Arbeit, wie einleitend ausführlich beschrieben, dem Aufbau des klassischen Dramas nach Gustav Freytag.

Die detaillierte biografische Abhandlung diente dazu, den Protagonisten dieser Studie durch seinen Lebensweg und den Versuch einer Charakterisierung vorzustellen. Maihofers Biografie wurde damit erstmals in dieser Fülle zusammengefasst. Zugleich trugen die Informationen über seine Kindheit und Jugend dazu bei, seinen späteren politischen Weg nachvollziehen zu können. Kurze Abrisse seines vor-politischen Engagements und seiner Zeit als Minister dienten zudem als Punkte des Rückbezugs für den analytischen Teil.

Anhand der durchgeführten Analyse wurde deutlich, wie sehr die Karriere Maihofers von seinem Nutzen für die Partei abhängt. Die FDP passt sich durch ihn an den Zeitgeist an: Der Seiteneinsteiger wird in einer innerparteilichen Nullstunde ins Boot geholt, als das alteingesessene Personal für die Liberalen nicht mehr ausreicht. Maihofers Image entspricht dagegen exakt den neuen Bedürfnissen der FDP, die ein tief greifender Wandel des politischen Klimas hervorruft. Damit ist das Gelegenheitsfenster für Maihofer geöffnet: Er verkörpert Reform und Aufbruch, den Protest gegen die konservative Politik der Großen Koalition. Dieses Image haftet ihm durch sein kontinuierliches und pointiertes öffentliches Engagement als Jurist und Hochschullehrer an.

Auf der Parteiebene betrachtet, ist Maihofer das ideale Aushängeschild für deren sozialliberale Neuausrichtung, er steht symbolisch für den Zusammenschluss mit den Sozialdemokraten und zieht eine bisher unerschlossene Wählerschicht an. In dieser Funktion ist er für die Liberalen sehr wertvoll. So stellen sich der Vorsitzende Scheel und sein Generalsekretär Flach schützend vor ihren Zugewinn.

Maihofer bleibt in Partei und Kabinett jedoch immer nur ein Symbol – über den sinnbildlichen Wert hinaus zu wirken, gelingt ihm nicht. Dies erkennt man an seinem Werdegang: Als Sonderminister wird er von Partei und Medien zum Stützpfeiler der Koalition erklärt. Tatsächlich jedoch verfügt er kaum über Machtressourcen. Die Beförderung zum Innenminister beweist, dass inhaltlich wenig von ihm erwartet wird. Er verfügt weder über die persönlichen Attribute, noch über das politische Format eines erfolgreichen Innenministers. Dass er beste Voraussetzungen für das Justizressort erfüllt, interessiert bei der Postenvergabe nicht. Dies macht besonders deutlich, dass kein ernsthaftes inhaltliches Interesse an der Person Maihofer und deren Fähigkeiten besteht.

Auch innerparteilich wird Maihofer allein zur Außenwirkung eingesetzt. Seine Freiburger Thesen dienen ausschließlich der medialen Inszenierung des neuen Kurses, realisiert werden sie nicht. Das einflussreiche Amt des stellvertretenden Bundesvorsitzenden wird ihm vorenthalten, stattdessen unterstellt man ihm die quasi bedeutungslose Perspektiv-Kommission.

Offensichtlich wird die tatsächliche Stellung Maihofers erst nach dem Umbruch der Jahre 1973/74 mit der Ernennung zum Innenminister. Gelenkt wird die Vorenthaltung von realer Macht für Maihofer in der folgenden Zeit ganz bewusst vom neuen Parteichef Hans-Dietrich Genscher. Für den Pragmatiker kommt es nicht in Frage, tatsächlich sozialliberale Politik zu betreiben. Stattdessen reagiert Genscher auf den konservativen Klimawandel in Deutschland und etabliert die FDP als Sprachrohr der Wirtschaft. Zugleich hat er dennoch großes Interesse daran, Maihofer in der Partei und in vermeintlich hoher Position zu halten, um das sozial-liberale Bündnis weiter glaubhaft zu nach außen darzustellen. Denn seine Strategie für die FDP besteht darin, stets in alle Richtungen hin offen für Koalitionen zu sein, um nach Wahlen die größtmögliche taktische Macht zu erreichen. So setzt Genscher auch nach den Affären Traube und Schleyer zunächst alles daran, den angeschlagenen Minister im Amt zu halten. Maihofer stürzt nicht aufgrund inhaltlicher Verfehlungen. Er wird erst dann abgestoßen, als es für die Partei strategisch sinnvoll erscheint.

Maihofers Weg verdeutlicht, wie die Parteispitze den weitgehend isolierten Seiteneinsteiger je nach Bedarf benutzt. Er wird als einzig wahrer Sozialliberaler vor den Karren der FDP gespannt, von Scheel protegiert und gepusht. Unter Genscher wird er noch so lange mühsam am politischen Leben gehalten, wie er einen Zweck erfüllt. Ohne Zögern wird er danach fallengelassen. Die Karriere des Quereinsteigers Werner Maihofer: für die FDP eine reine Nutzenkalkulation.

Die zentrale Fragestellung dieser Untersuchung nach dem *Warum* des Auf und Ab des Werner Maihofer wurde somit beantwortet. Welche allgemeinen Aussagen lassen sich hieraus für die Karrieren von Politikern und politischen Seiteneinsteigern ableiten? Zunächst ist festzuhalten, dass es die Faktoren Umwelt-Institution-Person sind, die den Werdegang eines jeden Politikers maßgeblich beeinflussen. Dies gilt parteiübergreifend. Das Beispiel Maihofer veranschaulicht sehr plastisch, dass ein aufstrebender Politstar leicht abrutschen kann, sobald sich eine oder mehrere dieser Variablen verändern. Erfolgreiche Politiker brauchen daher ein Gespür für gesellschafts- und parteipolitische Tendenzen, um Veränderungen vorauszuahnen und entsprechend darauf zu reagieren.

Für Seiteneinsteiger gilt dies ganz verstärkt, da sie in der Regel den Schwankungen des Politikbetriebs mangels stabiler Netzwerke besonders heftig ausgesetzt sind. Sie sind oftmals in der Parteiorganisation kaum verankert, bauen ausschließlich auf das Verhältnis zu ihren mächtigen Protek toren. Brechen diese als Unterstützer weg, bewegt sich auch der Seiteneinsteiger auf dünnem Eis.

Vor allem ideologisch festgelegte Persönlichkeiten wie Werner Maihofer sollten sich darüber im Klaren sein, dass ihr Image nicht zuletzt eine Größe in der Marketingstrategie der Partei darstellt. Maihofers Beispiel zeigt sehr deutlich, wie stark eine Parteiführung aus Image- oder koalitionstaktischen Gründen formell an einem Politiker festhalten kann, um das Gesicht zu wahren. Das Retardierende Moment in seinem Absturz gewährt unter diesem Gesichtspunkt einen aufschlussreichen Einblick in die strategischen Schachzüge des Politgeschäfts.

Am Moment des Karriere-Aus zeigt sich jedoch auch ein bedeutender Vorteil für Seiteneinsteiger. Werner Maihofer ist aufgrund der sicheren Basis seines vor-politischen Berufes nicht ökonomisch von seinem Posten als Parlamentarier oder als Minister abhängig, anders als ein klassischer Berufspolitiker muss er sich nicht an sein Mandat klammern. Er kann nach seinem Rücktritt als Professor an die Universität Bielefeld zurückkehren. Und dies ist für Maihofer keineswegs eine Notlösung. Auf diesen Schritt im Interview angesprochen, lacht er das einzige Mal und berichtet freudig, die Rückkehr in den Wissenschaftsbetrieb sei überhaupt keine schlechtere Alternative für ihn gewesen.

Dieser Umstand erklärt wiederum einen Aspekt Maihofers politischer Karriere, der sich besonders zum Ende hin immer deutlicher herauskristallisiert: die fehlende Professionalisierung. Maihofer bleibt stets der Ideologe, der Unangepasste, macht nie den Schritt zum Taktiker oder Strategen. Was in seiner Politikerlaufbahn als Manko erscheint, erweist sich auf seinen Lebensweg bezogen als Vorteil. Denn ganz offenbar ist eine solche Anpassung an den Politbetrieb für Maihofer gar nicht notwendig. Er verspürt nicht die Notwendigkeit, sich dem System unterordnen zu müssen, da es anscheinend nie sein Ziel ist, unter allen Umständen dauerhaft in der Politik zu bleiben. Die Möglichkeit, wieder in den Zivilberuf zurückzukehren, ist für Seiteneinsteiger demnach noch gewichtiger als für gewöhnliche Berufspolitiker.

X Quellen- und Literaturverzeichnis

X.1 Monografien

Baring, Arnulf: Die Ära Brandt – Scheel, Stuttgart 1982.

Baum, Gerhart Rudolf und Juling, Peter: Auf und Ab der Liberalen, Gerlingen 1983.

Baumann, Jürgen/Brauneck, Anne-Eva/Hanack, Ernst-Walter/Kaufmann, Arthur/Klug, Ulrich/Lampe, Ernst-Joachim/Lenckner, Theodor/Maihofer, Werner/Noll, Peter/Roxin, Claus/Schmitt, Rudolf/Schultz, Hans/Stratenwerth, Günther und Stree, Walter: Alternativ-Entwurf eines Strafgesetzbuches, Tübingen 1966.

von Beyme, Klaus: Die politische Elite in der Bundesrepublik Deutschland, München 1971.

Bernecker, Walther L. und Dotterweich, Volker (Hrsg.): Persönlichkeit und Politik in der Bundesrepublik Deutschland, Band 2, Göttingen 1982.

Bödeker, Hans E.: Biographie schreiben, Göttingen 2003.

Borowsky, Peter: Deutschland 1970-1976, Hannover 1980.

Bracher, Karl Dietrich/Jäger, Wolfgang/Link, Werner (Hrsg.): Republik im Wandel 1969-1974 – die Ära Brandt, Stuttgart 1986.

Brink, Stefan und Wolff, Heinrich (Hrsg.): Gemeinwohl und Verantwortung. Festschrift für Hans Herbert von Arnim, Berlin 2004.

Dittberner, Jürgen: FDP – Partei der zweiten Wahl, Opladen 1987.

Forkmann, Daniela und Schlieben, Michael (Hrsg.): Die Parteivorsitzenden der Bundesrepublik Deutschland 1949-2005, Wiesbaden 2005.

Freie Demokratische Partei (Hrsg.): Freiburger Thesen der F.D.P. zur Gesellschaftspolitik, Bonn 1971.

Freie Demokratische Partei (Hrsg.): Kieler Thesen zu Wirtschaft im sozialen Rechtsstaat, zu Bürger, Staat, Demokratie, zu Bildung und Beschäftigung der jungen Generation, Bonn 1977.

Freie Demokratische Partei (Hrsg.): Wiesbadener Grundsätze – für die liberale Bürgerschaft, Bonn 1997.

Freie Universität Berlin (Hrsg.): Gesellschaftliche Wirklichkeit im 20. Jahrhundert und Strafrechtsreform, Berlin 1964.

Freytag, Gustav: Die Technik des Dramas, bearbeitete Neuauflage, Berlin 2003.

Gabriel, Oscar W./Neuss, Beate/Rüther, Günther (Hrsg.): Eliten in Deutschland, Bonn 2006.

Genscher, Hans-Dietrich: Erinnerungen, Berlin 1995.

Gerlich, Peter und Kramer, Helmut: Abgeordnete in der Parteiendemokratie: eine empirische Untersuchung des Wiener Gemeinderates und Landtages, München, Oldenbourg, 1969.

Glaeßner/Gert-Joachim/Holz, Jorgen/Schlüter, Thomas: Die Bundesrepublik in den siebziger Jahren, Opladen 1984.

Grube, Frank und Richter, Gerhard: (Hrsg.): Der SPD-Staat, München 1977.

Heidegger, Martin: Sein und Zeit, Tübingen 1927.

Hermand, Jost: Die Kultur der Bundesrepublik Deutschland 1965-85, München 1988.

Herzog, Dietrich: Politische Karrieren. Selektion und Professionalisierung politischer Führungsgruppen, Opladen 1975.

Higendorf, Eric (Hrsg.): Die deutschsprachige Strafrechtswissenschaft in Selbstdarstellungen, Berlin, New York 2010.

Holl, Karl/Trautmann, Günter/Vorländer, Hans: Sozialer Liberalismus, Göttingen 1986.

Hrbek, Rudolf (Hrsg.): Personen und Institutionen in der Entwicklung der Bundesrepublik Deutschland, Symposium aus Anlass des 80. Geburtstags von Theodor Eschenberg, Straßburg, Arlington, 1985.

Irle, Eva und Markowitsch, Hans J. (Hrsg.): Enzyklopädie der Psychologie – Vergleichende Psychobiologie, Göttingen 1998.

Jäger, Wolfgang; Link, Werner: Republik im Wandel – die Ära Schmidt, Stuttgart 1987.

Juling, Peter (Hrsg.): Politik für die 80er Jahre – was steht zur Wahl, Gerlingen 1980.

Jureit, Ulrike und Wildt, Michael (Hrsg.): Generationen: Zur Relevanz eines wissenschaftlichen Grundbegriffs, Hamburg, 2005.

Kaack, Heino: Zur Geschichte und Programmatik der Freien Demokratischen Partei, Meisenheim am Glan 1976.

Kempf, Udo und Merz, Hans-Georg (Hrsg.): Kanzler und Minister 1949 – 1998, Wiesbaden 2001.

Künemund, Harald und Szydlik, Marc (Hrsg.): Generationen. Multidisziplinäre Perspektiven, Wiesbaden 2009.

Leuschner, Udo: Die Geschichte der FDP, Münster 2005.

Lösche, Peter und Walter, Franz: Die FDP, Darmstadt 1996.

Löwenthal, Richard und Schwarz, Hans-Peter (Hrsg.): Die zweite Republik, Stuttgart-Degerloch 1974.

Lorenz, Robert und Micus, Matthias (Hrsg.): Seiteneinsteiger. Unkonventionelle Politiker-Karrieren in der Parteiendemokratie, Wiesbaden 2009.

Maihofer, Werner: Der Handlungsbegriff im Verbrechenssystem, Tübingen 1953.

Maihofer, Werner: Recht und sein, Frankfurt am Main 1954.

Merck, Johannes: Klar zur Wende? Die FDP vor dem Koalitionswechsel in Bonn 1980 bis 1982, Berlin 1989.

Mey, Günter (Hrsg.): Handbuch Qualitative Entwicklungspsychologie, Köln 2005.

Mintzel, Alf und Oberreuter, Heinrich (Hrsg.): Parteien in der Bundesrepublik Deutschland, Bonn 1992.

Möller, Frank (Hrsg.): Charismatische Führer der deutschen Nation, München, Oldenbourg, 2004.

Münkel, Daniela: Willy Brandt und die „vierte Gewalt". Politik und Massenmedien in den 50er und 70er Jahren, Frankfurt 2005.

Narr, Wolf-Dieter (Hrsg.): Auf dem Weg zum Einparteienstaat, Opladen 1977.

Reulecke, Jürgen (Hrsg): Generationalität und Lebensgeschichte im 20. Jahrhundert, München 2003.

Reuther, Helmut (Hrsg.): Menschen unserer Zeit, Persönlichkeiten des öffentlichen Leben, der Kirche, Wirtschaft und der Politik, Bonn 1976.

Schmollinger, Horst W. und Müller, Peter: Zwischenbilanz, Hannover 1980.

Sontheimer, Kurt (Hrsg.): Möglichkeiten und Grenzen liberaler Politik, Düsseldorf 1975.

Sontheimer, Kurt und Bleek, Wilhelm: Grundzüge des politischen Systems Deutschlands, aktualisierte Neuauflage, München 2004.

Sozialistischer Deutscher Studentenbund (Hrsg.): Demokratie vor dem Notstand. Protokoll des Bonner Kongresses gegen die Notstandsgesetze am 30. Mai 1965, Frankfurt am Main 1965.

Szczesny, Gerhard (Hrsg.): Club Voltaire IV. Jahrbuch für kritische Aufklärung, Rowohlt 1970.

Vorländer, Hans (Hrsg.): Verfall oder Renaissance des Liberalismus?, München 1987.

Walter, Franz: Die SPD. Biographie einer Partei, Berlin 2002.

Weber, Max: Wirtschaft und Gesellschaft, 5. Auflage, Tübingen, 1972.

Westdeutsche Rektorenkonferenz (Hrsg.): Godesberger Rektorenerklärung vom 6.1.1968, Bonn, Bad Godesberg 1968.

Wolff, Kurt H. (Hrsg.): Karl Mannheim. Wissenssoziologie. Auswahl aus dem Werk, Berlin, Neuwied 1964.

Wolfrum, Edgar: Die 70er Jahre – Eine dynamische Gesellschaft, Darmstadt 2006.

Zirngibl, Willy: Gefragt: Werner Maihofer, Bornheim 1975.

X.2 Aufsätze

Augstein, Rudolf: Macht und Ohnmacht der Liberalen, in: Grube, Frank und Richter, Gerhard: (Hrsg.): Der SPD-Staat, München 1977, S.297 – 305.

Bickerich, Wolfram: Mut zum Mitleid – Die Reformpolitik der sozialliberalen Koalition, in: Bickerich, Wolfram (Hrsg.): Die 13 Jahre – Bilanz der sozialliberalen Koalition, Hamburg 1982, S. 11-26.

Bischof, Hans-Joachim: Instinkt, Prägung und frühes Lernen, in: Irle, Eva und Markowitsch, Hans J. (Hrsg.): Enzyklopädie der Psychologie – Vergleichende Psychobiologie, Göttingen 1998, S. 307-372.

Bourdieu, Pierre: Die biographische Illusion. In: BIOS, 3 (1990), S. 75-81.

Bracher, Karl Dietrich: Vom Machtwechsel zur Wende, in: Bracher, Karl Dietrich/Jäger, Wolfgang/Link, Werner (Hrsg.): Republik im Wandel 1969-1974 – die Ära Brandt, Stuttgart 1986, S. 7-12.

Bracher, Karl Dietrich: Politik und Zeitgeist – Tendenzen der siebziger Jahre, in: Bracher, Karl Dietrich/Jäger, Wolfgang/Link, Werner (Hrsg.): Republik im Wandel 1969-1974 – die Ära Brandt, Stuttgart 1986, S. 285-406.

Forkmann, Daniela und Schlieben, Michael: ‚Politische Führung' und Parteivorsitzende. Eine Einleitung, in: Forkmann, Daniela und Schlieben, Michael (Hrsg.): Die Parteivorsitzenden der Bundesrepublik Deutschland 1949-2005, Wiesbaden 2005, S. 11-21.

Holl, Karl: Überlegungen zum deutschen Sozialliberalismus, in: Holl, Karl/Trautmann, Günter/Vorländer, Hans: Sozialer Liberalismus, Göttingen 1986, S. 227-232.

Jäger, Wolfgang: Die Innenpolitik der sozial-liberalen Koalition 1974-1982, in: Jäger, Wolfgang; Link, Werner: Republik im Wandel – die Ära Schmidt, Stuttgart 1987, S. 9-272.

Juling, Peter: Die Wandlung der F.D.P. von der bürgerlichen zur liberalen Partei, in: Juling, Peter (Hrsg.): Politik für die 80er Jahre – was steht zur Wahl, Gerlingen 1980, 259-267.

Kaack, Heino: Die Liberalen, in: Löwenthal, Richard und Schwarz, Hans-Peter (Hrsg.): Die zweite Republik, Stuttgart-Degerloch 1974, S. 408-432.

Kailitz, Steffen: Werner Maihofer, in: Kempf, Udo und Merz, Hans-Georg (Hrsg.): Kanzler und Minister 1949 – 1998, Wiesbaden 2001, S. 462-465.

Kempf, Udo: Die Regierungsmitglieder als soziale Gruppe, in: Kempf, Udo und Merz, Hans-Georg (Hrsg.): Kanzler und Minister 1949 – 1998, Wiesbaden 2001, S. 7-35.

Lamprecht, Rolf: Abwendung vom Idealkurs – Die Rechtspolitik der sozialliberalen Koalition, in: Bickerich, Wolfram (Hrsg.): Die 13 Jahre – Bilanz der sozialliberalen Koalition, Hamburg 1982, S. 65-82.

Lehnert, Detlef: Sie sozial-liberale Koalition: Vom „historischen Bündnis“ zum wahltaktischen Bruch?, in: Glaeßner, Gert-Joachim/Holz, Jorgen/Schlüter, Thomas: Die Bundesrepublik in den siebziger Jahren, Opladen 1984, S. 15-31.

Lorenz, Robert und Micus, Matthias: Politische Seiteneinsteiger – eine Annäherung, in: Lorenz, Robert und Micus, Matthias (Hrsg.): Seiteneinsteiger. Unkonventionelle Politiker-Karrieren in der Parteiendemokratie, Wiesbaden 2008 (im Erscheinen), S. 1-18.

Maihofer, Werner: Menschenbild und Strafrechtsreform – das philosophische Problem der Strafe, in: Freie Universität Berlin (Hrsg.): Gesellschaftliche Wirklichkeit im 20. Jahrhundert und Strafrechtsreform, Berlin 1964, S. 5-28.

Maihofer, Werner: Die Demokratie vor dem Notstand, in: Sozialistischer Deutscher Studentenbund (Hrsg.): Demokratie vor dem Notstand. Protokoll des Bonner Kongresses gegen die Notstandsgesetze am 30. Mai 1965, Frankfurt am Main 1965, S. 7-18.

Maihofer, Werner: Die Revolte der Jugend – für die Evolution der Gesellschaft in Ost und West, in: Szczesny, Gerhard (Hrsg.): Club Voltaire IV. Jahrbuch für kritische Aufklärung, Rowohlt 1970, S. 94-111.

Maihofer, Werner: Werner Maihofer, in: Higendorf, Eric (Hrsg.): Die deutschsprachige Strafrechtswissenschaft in Selbstdarstellungen, Berlin, New York 2010, S. 391 – 413.

Mannheim, Karl: Das Problem der Generationen, in: Wolff, Kurt H. (Hrsg.): Karl Mannheim. Wissenssoziologie. Auswahl aus dem Werk, Berlin, Neuwied 1964, S. 509-565.

Merz, Hans-Georg: Regierungshandeln im Lichte einer Befragung deutscher Bundesminister, in: Kempf, Udo und Merz, Hans-Georg (Hrsg.): Kanzler und Minister 1949 – 1998, Wiesbaden 2001, S. 36-81.

Möller, Frank: Einführung: Zur Theorie des charismatischen Führers im modernen Nationalstaat, in: Möller, Frank (Hrsg.): Charismatische Führer der deutschen Nation, München, Oldenbourg, 2004, S. 11-18.

Müller-Rommel, Ferdinand und Poguntke, Thomas: Die Grünen, in: Mintzel, Alf und Oberreuter, Heinrich (Hrsg.): Parteien in der Bundesrepublik Deutschland, Bonn 1992, S. 319-361.

Scherer, Klaus-Jürgen: Politische Kultur und neue soziale Bewegungen, in: Glaeßner/Gert-Joachim/Holz, Jorgen/Schlüter, Thomas: Die Bundesrepublik in den siebziger Jahren, Opladen 1984, S. 71-91.

Schiller, Theo: Wird die F.D.P. eine Partei?, in: Narr, Wolf-Dieter (Hrsg.): Auf dem Weg zum Einparteienstaat, Opladen 1977, S. 122-148.

Schmitt, Rudolf: Entwicklung, Prägung, Reifung, Prozess und andere Metaphern. Oder: Wie eine systematische Metaphernanalyse in der Entwicklungspsychologie nutzen könnte, in: Mey, Günter (Hrsg.): Handbuch Qualitative Entwicklungspsychologie, Köln 2005, S. 545-584.

Schmollinger, Horst W.: Veränderung und Entwicklung des Parteiensystems, in: Glaeßner, Gert-Joachim/Holz, Jorgen/Schlüter, Thomas: Die Bundesrepublik in den siebziger Jahren, Opladen 1984, S. 32-52.

Schwarz, Hans-Peter: Die Bedeutung der Persönlichkeit in der Entwicklung der Bundesrepublik, in: Hrbek, Rudolf (Hrsg.): Personen und Institutionen in der Entwicklung der Bundesrepublik Deutschland, Symposium aus Anlass des 80. Geburtstags von Theodor Eschenberg, Straßburg, Arlington, 1985, S. 7-19

Sobczyk, Peter: Werner Maihofer, in: Bernecker, Walther L./Dotterweich, Volker (Hrsg.): Persönlichkeit und Politik in der Bundesrepublik Deutschland, Band 2, Göttingen 1982, S.72-79.

Søe, Christian und Vorländer, Hans: Der Kampf um Überleben und Einfluß – Rolle und Funktion der FDP in der westdeutschen Politik, in: Vorländer, Hans (Hrsg.): Verfall oder Renaissance des Liberalismus?, München 1987, S. 173-190.

Sontheimer, Kurt: Möglichkeiten und Grenzen liberaler Politik. Zum Selbstverständnis der F.D.P., in: Sontheimer, Kurt (Hrsg.): Möglichkeiten und Grenzen liberaler Politik, Düsseldorf 1975, S. 117-132.

Vorländer, Hans: Der soziale Liberalismus der F.D.P. Verlauf, Profil und Scheitern eines soziopolitischen Modernisierungsprozesses, in: Holl, Karl/Trautmann, Günter/Vorländer, Hans (Hrsg.): Sozialer Liberalismus, Göttingen 1986, S. 190- 226.

Wiesendahl, Elmar: Zum Tätigkeits- und Anforderungsprofil von Politikern, in: Brink, Stefan und Wolff, Heinrich (Hrsg.): Gemeinwohl und Verantwortung. Festschrift für Hans Herbert von Arnim, Berlin 2004, S. 167-188.

Wiesendahl, Elmar: Rekrutierung von Eliten in der Parteiendemokratie, in: Gabriel, Oscar W./Neuss, Beate/Rüther, Günther (Hrsg.): Eliten in Deutschland, Bonn 2006, S. 94-113.

Zundel, Rolf: Werner Maihofer, in: Reuther, Helmut (Hrsg.): Menschen unserer Zeit, Persönlichkeiten des öffentlichen Leben, der Kirche, Wirtschaft und der Politik, Bonn 1976, ohne Seitennummerierung.

X.3 Presseartikel

Augstein, Rudolf: No, Sir!, in: Der Spiegel, 07.03.1977.

Augstein, Rudolf: Jetzt muß Genscher ran, in: Der Spiegel, 12.06.1978.

Ahlers, Conrad: Bedingt abwehrbereit, in: Der Spiegel, 10.10.1962.

Beöczy, Siegfried von: In Bonn regiert bedrücktes Schweigen, in: Stuttgarter Nachrichten, 11.12.1974.

Bernstorf, Martin: Maihofers Notstand, in: Deutsche Zeitung, 04.03.1977.

Clement, Wolfgang: Maihofers Abgang, in: Westfälische Rundschau, 07.06.1978.

Diederichs, Werner: Freiburger FDP-Thesen tragen auch Maihofers Handschrift, in: Die Welt, 13.12.1972.

Dreher, Klaus: In der FDP hält sich der Ruf nach personellen Konsequenzen, in: Süddeutsche Zeitung, 24.03.1977.

Dreher, Klaus: Ein Zeitzünder vor der Explosion, in: Süddeutsche Zeitung, 05.06.1978.

Fromme, Friedrich Karl: Der Sozialliberale, in: Frankfurter Allgemeine, 04.10.1974.

Fromme. Friedrich Karl: Wie es um Maihofer steht, in: Frankfurter Allgemeine, 26.05.1978.

Fromme, Friedrich-Karl: Werner Maihofer: Bis zuletzt ein Mann der eigenen Entschlüsse, in: Frankfurter Allgemeine, 07.06.1978.

Gerwald, Josef M.: Vertrauen für Maihofer, in: Freie Demokratische Korrespondenz, 08.03.1977.

Goos, Diethart: Die innerparteiliche Machtprobe steht Maihofer noch bevor, in: Die Welt, 04.03.1977.

Goos, Diethart: Werner Maihofer – Minister ohne Fortune, in: Die Welt, 07.06.1978.

Henkels, Walter: Professor mit politischem Schlüsselerlebnis, in: Frankfurter Allgemeine, 29.12.1972.

Herrmann, Ludolf: Das Dilemma der FDP heißt Maihofer, in: Deutsche Zeitung, 06.12.1974.

Heye, Uwe-Karsten: Ein Professor lernt seine Lektion, in: Süddeutsche Zeitung, 31.08.1973.

Kämpf, Margret: Der Dünnhäuter auf dem Ministersessel, in: Kölner Stadt-Anzeiger, 20.08.1977.

Kaiser, Carl-Christian: Ein Mitgeschleppter der Koalition, in: Die Zeit, 02.06.1978.

Krumm, Karl-Heinz: Neben dem Chef sitzt der Chefdenker, in: Frankfurter Rundschau, 21.12.1972.

Krumm, Karl-Heinz: Ein liberaler Denker im Kabinett der Macher, in: Frankfurter Rundschau, 05.08.1974.

Krumm, Karl-Heinz: Wo andere prügelten, wollte er noch streicheln, in: Frankfurter Rundschau, 08.06.1978.

Leicht, Robert: Hegel im Geist, die Bratsche im Gepäck, in: Süddeutsche Zeitung, 28.09.1972.

Lölhöffel, Helmut: Friderichs gewinnt knapp gegen Maihofer, Genscher erwartungsgemäß Vorsitzender, in: Süddeutsche Zeitung, 02.10.1974.

Löffelholz, Thomas: Reformdenker im Kabinett der Macher, Stuttgarter Zeitung, 09.12.1974.

Löffelholz, Thomas: Maihofer – ohne Grundgesetz unter dem Arm?, in: Stuttgarter Zeitung, 04.03.1977.

Löffelholz, Thomas: Seit Traubes Wanze wackelt Maihofers Stuhl, in: Stuttgarter Zeitung, 05.06.1978.

Maihofer, Werner: Schluß mit den Landesverratsverfahren gegen die Presse, in: Frankfurter Allgemeine Zeitung, 07.12.1962.

Melder, Heinz-Joachim: Maihofer – die Problemfigur des Kabinetts, in: Die Welt, 19.11.1974.

Melder, Heinz-Joachim: Minister Maihofer ersparte seinem Kanzler eine Blamage, in: Die Welt, 20.02.1975; Neumeier, Eduard: Ein Durchbruch für Minister Maihofer, in: Die Zeit, 28.02.1975.

Mörbitz, Eghard: Maihofers Problem heißt Maihofer, in: Frankfurter Rundschau, 31.05.1978.

Mumme, Gerd: Zum zweitenmal verliert die FDP-Linke ihren Kopf, in: Welt am Sonntag, 13.03.1977.

Neumeier, Eduard: Ein Durchbruch für Minister Maihofer, in: Die Zeit, 28.02.1975.

o.A.: Bis die Linke einig ist, in: Der Spiegel, 01.11.1971.

o.A.: Hinter dem Mond, in: Der Spiegel, 25.12.1972.

o.A.: Auch als Linker recht machen, in: Liberales Forum 1/74.

o.A.: Weg vom Mythos, in: Der Spiegel, 09.09.1974.

o.A.: Maihofer kein guter Verlierer, in: Handelsblatt, 02.10.1974.

o.A.: Aussprache brachte Teilerfolg, in: Frankfurter Rundschau, 26.11.1974.

o.A.: Alle Menschen sind gut, in: Der Spiegel, 09.12.1974.

o.A.: Spaß vorbei, in: Der Spiegel, 14.07.1975.

o.A.: Der Minister und die ‚Wanze', in: Der Spiegel, 28.02.1977.

o.A.: Fall Maihofer: ‚Um Kopf und Kragen', in: Der Spiegel, 07.03.1977.

o.A.: Bonn vor der Entscheidung über das politische Schicksal Maihofers, in: Frankfurter Allgemeine, 08.03.1977.

o.A.: Fall Maihofer: ‚Ohren anlegen und durch', in: Der Spiegel, 14.03.1977.

o.A: Abhör-Affäre: die Koalition schlingert, in: Der Spiegel, 21.03.1977.

o.A.: Perspektivlos?, in: Stuttgarter Zeitung, 05.04.1977.

o.A.: Rücktritt in Raten, in: Süddeutsche Zeitung, 26.05.1978.

o.A.: In der FDP nimmt die Kritik and Minister Maihofer zu, in: Die Welt, 29.05.1978.

o.A.: Maihofer: Abgang gesucht, in: Der Spiegel, 05.06.1978.

Palmer, Hartmut: Er will Experten um sich sehen, in: Kölner Stadt-Anzeiger, 28.12.1972.

Pruys, Karl Hugo: Maihofer hat dazugelernt, in: Münchner Merkur, 30.05.1978.

Randow, Gero von: Narziß in der Rückkopplungsschleife, in: Frankfurter Allgemeine Sonntagszeitung, 17.02.2002.

Reiser, Hans: Maihofers später Abgang, in: Süddeutsche Zeitung, 07.06.1978.

Sänger, Hartmut: Werner Maihofer – der große Obskure, in: Bayern Kurier, 03.11.1973.

Schreiber, Hermann: Ein Quadflieg als Sheriff, in: Der Spiegel, 09.12.1974.

Schreiber, Hermann: ‚Lächelnd ins Abseits', in: Der Spiegel, 01.11.1971.

Serke, Jürgen: Vorsicht, denkender Minister!, in: Stern, 27.06.1974.

Tönshoff, Lothar: Maihofer, Wehner, die Wanzen und das wachsende Geraune in Bonn, in: Berliner Morgenpost, 12.03.1977.

Ziegler, Gerhard: FDP-Professoren: Aufgestiegen wie ein Pulk Kometen, in: Welt der Arbeit, 15.06.1978.

Zundel, Rolf: Duell oder Duett?, in: Die Zeit, 27.09.1974.

Zundel, Rolf: Maihofer – ein Idol ist zerstört, in: Die Zeit, 11.03.1977.

X.4 Online-Quellen

Beck, Kurt: Was heißt heute sozial-liberal?, in: http://www.zeit.de/2006/44/Freiburger-Thesen [eingesehen am 19.05.2010].

Becker, Werner: Wie es anfing, in: http://www.hrk.de/de/hrk_auf_einen_blick/103_224.php [eingesehen am 19.05.2010].

o.A.: FDP-Politiker Werner Maihofer gestorben, in: http://www.zeit.de/politik/deutschland/200910/werner-maihofer-gestorben [eingesehen am 17.05.2010].

o.A.: Werner Maihofer: Der Vater der Freiburger Thesen, in: http://www.tagesspiegel.de/politik/deutschland/werner-maihofer-der-vater-der-freiburger-thesen/1618538.html [eingesehen am 17.05.2010].

o.A.: Werner Maihofer ist tot, in: http://www.spiegel.de/politik/deutschland/0,1518,656085,00.html [eingesehen am 17.05.2010].

X.5 Archivmaterial

Vorlage für die Sitzung des Präsidiums der FDP am 30./31.01.1978, Archiv des Liberalismus, Bestand Präsidiumsprotokolle, 5828.

Briefwechsel zwischen Karl-Hermann Flach und G. Labes, Archiv des Liberalismus, Bestand Karl-Hermann Flach, N 47 104.

Danksagung

Zuallererst möchte ich mich bei Franz Walter bedanken, der meine Begeisterung für das biografische Arbeiten geweckt hat. Auch bei dieser Veröffentlichung hat er mich immer sehr unterstützt.

Für die umfangreiche, geduldige und immer freundliche Betreuung möchte ich mich auch bei Valerie Lange vom ibidem-Verlag und bei Matthias Micus vom Göttinger Institut für Demokratieforschung bedanken. Besonderer Dank gilt zudem David Bebnowski, der diese Studie kritisch kommentiert hat – vom beinahe anderen Ende der Welt aus. Auch Michael Lühmann stand mir bisweilen tatkräftig zur Seite. Daneben gilt mein Dank dem gesamten Kolloquium des Göttinger Instituts für Demokratieforschung.

Am wichtigsten ist es mir an dieser Stelle jedoch, meiner Familie zu danken: meinen Eltern, Heidrun und Herwig Schulz, genau wie meiner Schwester Stefanie.

GÖTTINGER JUNGE FORSCHUNG

Schriftenreihe des Göttinger Instituts für Demokratieforschung

Herausgegeben von Dr. Matthias Micus

ISSN 2190-2305

1 *Stine Harm*
Bürger oder Genossen?
Carlo Schmid und Hedwig Wachenheim - Sozialdemokraten trotz bürgerlicher Herkunft
ISBN 978-3-8382-0104-7

2 *Benjamin Seifert*
Träume vom modernen Deutschland
Horst Ehmke, Reimut Jochimsen und die Planung des Politischen in der ersten Regierung Willy Brandts
ISBN 978-3-8382-0105-4

3 *Robert Lorenz*
Siegfried Balke
Grenzgänger zwischen Wirtschaft und Politik in der Ära Adenauer
ISBN 978-3-8382-0137-5

4 *Johanna Klatt*
Rita Süssmuth
Politische Karriere einer Seiteneinsteigerin in der Ära Kohl
ISBN 978-3-8382-0150-4

5 *Bettina Munimus*
Heide Simonis
Aufstieg und Fall der ersten Ministerpräsidentin Deutschlands
Mit einem Geleitwort von Heide Simonis
ISBN 978-3-8382-0170-2

6 *Michael Lühmann*
Der Osten im Westen – oder: Wie viel DDR steckt in Angela Merkel, Matthias Platzeck und Wolfgang Thierse?
Versuch einer Kollektivbiographie
ISBN 978-3-8382-0138-2

7 *Frauke Nicola Schulz*
„Im Zweifel für die Freiheit“
Aufstieg und Fall des Seiteneinsteigers Werner Maihofer in der FDP
ISBN 978-3-8382-0111-5

In Vorbereitung:

Daniela Kallinich
Die politische Karriere von Nicolas Sarkozy
ISBN 978-3-8382-0122-1

Ralf Schönfeld
Kanzleramtschefs im vereinigten Deutschland
Friedrich Bohl, Frank-Walter Steinmeier und Thomas de Maizière im Vergleich
ISBN 978-3-8382-0116-0

Abonnement

Hiermit abonniere ich die Reihe **Göttinger Junge Forschung (ISSN 2190-2305),** herausgegeben von Dr. Matthias Micus,

❒ ab Band # 1

❒ ab Band # ___

❒ Außerdem bestelle ich folgende der bereits erschienenen Bände:

#___, ___, ___, ___, ___, ___, ___, ___, ___, ___, ___, ___

❒ ab der nächsten Neuerscheinung

❒ Außerdem bestelle ich folgende der bereits erschienenen Bände:

#___, ___, ___, ___, ___, ___, ___, ___, ___, ___, ___, ___

❒ 1 Ausgabe pro Band ODER ❒ ___ Ausgaben pro Band

Bitte senden Sie meine Bücher zur versandkostenfreien Lieferung innerhalb Deutschlands an folgende Anschrift:

Vorname, Name: ______________________________

Straße, Hausnr.: ______________________________

PLZ, Ort: ______________________________

Tel. (für Rückfragen): ______________ *Datum, Unterschrift:* ______________

Zahlungsart

❒ *ich möchte per Rechnung zahlen*

❒ *ich möchte per Lastschrift zahlen*

bei Zahlung per Lastschrift bitte ausfüllen:

Kontoinhaber: ______________________________

Kreditinstitut: ______________________________

Kontonummer: ______________ Bankleitzahl: ______________

Hiermit ermächtige ich jederzeit widerruflich den ***ibidem***-Verlag, die fälligen Zahlungen für mein Abonnement der Schriftenreihe **Göttinger Junge Forschung** von meinem oben genannten Konto per Lastschrift abzubuchen.

Datum, Unterschrift: ______________________________

Abonnementformular entweder **per Fax** senden an: **0511 / 262 2201** oder 0711 / 800 1889
oder als **Brief** an: ***ibidem***-Verlag, Julius-Leber Weg 11, 30457 Hannover oder
als e-mail an: ibidem@ibidem-verlag.de

***ibidem*-Verlag**
Melchiorstr. 15
D-70439 Stuttgart
info@ibidem-verlag.de

www.ibidem-verlag.de
www.ibidem.eu
www.edition-noema.de
www.autorenbetreuung.de

Zeitfracht Medien GmbH
Ferdinand-Jühlke-Straße 7
99095 Erfurt, Deutschland
produktsicherheit@kolibri360.de